U0035360

Tâi-Uân-Lâng，Tâi-Uân-Sū

台灣人·台灣事

《民報》人物選集（二）

學術、文學、音樂與藝術

主編
沈聰榮
蘇振明

序一 「即將推出 敬請期待」

沈聰榮
前《民報》總編輯
現任中央廣播電臺副總臺長

創辦人陳永興董事長叮囑，說我忝為《民報》篳路藍縷時期志工，也應該藉著這部「民報人物選集」編纂之際，好好重頭回顧一下，聊聊《民報》那時的人與事，特別是專欄人物的這一塊……。

面對這篇指定題，其實我很是掙扎抗拒的，是不？都好不容易退伍了，怎麼又來個軍旅憶往呢？但終究輪不到我拒絕的。抗拒也得寫啊，索性就讓自己進入時光機裡，試著回想一、二吧。

穿過時光隧道，回到二〇一三年十二月二十六日，《民報》就是從這一天開始「試運轉」的。那時網站一開通，很快地就引發社會矚目，除了人權醫師陳永興、前中研院院長李遠哲以及名導吳念真……等三位望重台灣的人士聯名創辦之外，「試運轉」第一波就是推出名人專欄強打，也是受矚目原因。我記得當時除了三位創辦人「下海」撰稿之外，還包括：南方朔、彭明敏、陳芳明、李筱峰、廖運範、賴其萬、林衡哲、李敏勇、向陽……大師級人物，這可是在台灣無出其右的專欄鑽石筆陣。

其中，最值一提，也最戲劇性的，是吳念真導演的專欄。

吳導不僅是國民作家，還是大家的歐吉桑，人氣實在太高了，所以陳永興醫師憑藉著跟吳導的多年友誼，「《民報》成立之後，就要幫忙開個專欄了喔。」老友如此殷切，吳導當時應該是隨口說了聲：好……。總之，吳念真在新開張的《民報》要寫專欄，就是這樣定局了。

各位大師的稿子陸陸續續都在十二月二十六日試運轉前交稿，可是吳導的第一篇大作卻望之闕如……。站在編輯部的立場，不可能開張第一天不打吳念真這張牌啊，可問題是文章不來又要怎麼刊登呢？當時我也不曉得哪來的靈光一閃，心想現在催他既來不及也實在不忍，更何況開店起手式主要是想讓讀者知道吳念真有開專欄，所以，那乾脆還是決定上架吳念真專欄，照片、簡歷這些可以事先備妥的早就一應俱全，差別的是，這期吳念真的專欄只列了八個字：即將推出，敬請期待。

令人震驚的是，居然只是告示性的八字專欄，短短幾小時竟引來數千個按讚，幾百次的分享，榮登《民報》試運轉開張第一天的流量冠軍，真是可見吳導人氣之旺。

其實這一篇史上最短專欄一上架，吳導馬上就看到。雖然到了第二天，《民報》還是沒等到稿子，卻很意外地在吳導的臉書上看到他寫及《民報》了。那真可稱得上是一篇充滿了對《民報》的「愧疚」，以及恨不得自己有三頭六臂可以應付各方邀約的「懺悔文」。原來，吳導一直都惦掛著幫《民報》寫專欄這件事，卻又擠不出完整的時間好好琢磨行文，明明知道試運轉日，心想只能先讓自己的專欄略過了。誰料到編輯部這麼狠，居然真的把空的專欄上了上去！

我記得吳導感性地說，看了這篇八字專欄讓他感觸很深，這個時代辦報不容易，畢竟就算他寫了專欄也不知道對《民報》的幫忙有多大，但如果說他的社群比較多人關注，那麼，還請看到這篇臉書文的朋友，也能到民報的臉書和網頁去看一看……。真的，吳導發文一天，《民報》臉書粉絲數從兩千暴增到一萬，網站流量也倍數成長。

吳導的專欄，終究沒有來，但也就只有專欄沒有來。而至少我往後在《民報》服務的四年裡，則是無時無刻感受得到他卯起勁來幫忙的力道。

另外，或許也是值得一提的往事，是《民報》創辦初期以政治新聞、名家專欄和報導社運作為主要內容結構，畢竟擁有資深記者、大師寫手撐著，運作得還算上手，但涉及更核心的歷史感、本土文化……等，要怎麼通過具有更親近感的報導方式讓讀者吸收，這又是一個很大的課題了。

最後解決這個困境的人是陳永興醫師。他提出了發行紙本《民報》雙月刊的建議，以縣市為範圍，逐一發掘這個區域裡頭的豐富人文和歷史樣貌。但《民報》經費有限，編制人數不多，沒有能力增援人手，若要實踐地方采風和建構歷史意識的原始設定，那就必得和在地更緊密合作一途。確實，《民報》雙月刊創刊之後，不僅僅實現了上述目標，也帶動了《民報》網路版得以擴大報導範圍，強化了對於本土文化新聞的報導深度。

這次《台灣人．台灣事——《民報》人物選集》裡，有很多是《民報》網路新聞版和雙月刊紙本文章彼此互通互用的，雖說選集受限於篇幅，只能選了其中百來位人物，但實際上值得再次推薦給讀者的，絕對數倍於此。我個人真心認為，這樣的台灣人物寫作的累積，透過相對親近性的媒體報導方式呈現，不僅可以更有系統地為台灣傳史立傳，也必定在網路搜尋愈發重要的環境裡，為我們的歷代先祖保留了更多可以讓後代子孫搜尋到的機會。這可是具有現代版的香火傳承的意義啊。

曾經，我們用「即將推出，敬請期待。」留住大家對《民報》的想望和期待，如今，回看著這一篇又一篇台灣人的故事，我想，美好的篇章已經被寫在《民報》了，我們能期待什麼未來，或許就是台灣能有一批又一批更具歷史感和台灣意識的新生代。

序二 讓這時代的發光者，成為下時代的引路人

蘇振明
前《民報文化雜誌》總編輯
臺北市立大學退休教授

二〇一四從大學退休到接任《民報文化雜誌》總編

存在主義哲學，是我十八歲在學校課堂偷看的課外讀物，這套哲學教我三件事：你是誰？從哪裡來？往何處去？此後四十餘年教師生涯，我經常自問：我是什麼樣的老師？我如何幫助學生找到自我？他們又如何參與台灣社會？

二〇一四年三月，台灣社會發生學生為抗議強行通過的《海峽兩岸服務貿易協議》占領立法院的太陽花學運（又稱三一八學運）。學運期間，課後我多次從臺北市立大學走到立法院後的濟南路，跟這些大學生聊聊並為他們打氣。

當大專青年集結並包圍立法院，台灣的媒體，也產生了有趣的分野現象。綠色媒體會大

量報導青年學生不滿的心聲，學生團體甚至自行編印發送小報訊息；相對的，藍色媒體在此階段選擇保守相應。從報紙、電視到網路，反映出二〇〇〇年後的台灣，社會改革也需要更貼近土地與人民的媒體。

同年，於太陽花學運後，《民報文化雜誌》創立，延續早期林獻堂、蔣渭水等人創辦《臺灣民報》的精神，以「台灣知識分子良心」追求「民報達民情」宗旨。八月，我從任教四十年的大學美術系退休，接受陳永興醫師的邀請，擔任了《民報文化雜誌》的總編輯，秉持存在主義觀點，決定讓每期雜誌成為台灣各縣市的發展實況見證。

《民報》誕生，象徵台灣主體性觀點崛起

《民報》分為「網路民報」與「雜誌民報」，我負責執編的《民報文化雜誌》，除了結合時事主題、藝文走廊與名家專欄外，特別開出台灣各縣市巡禮列車，陸續報導各縣市人文的發展實況。透過歷史、人文藝術與地理風土的報導，希望創造出有別於一般旅遊雜誌，成為下一代認識當代台灣的出版文獻。

以二〇一四年七月《民報》創刊號為例，從《臺灣民報》創辦人蔣渭水的故鄉宜蘭出發，特別規劃【宜蘭人物特寫】，邀請陳永興、林衡哲、林光義……等人，撰寫台灣義俠蔣渭水、宜蘭民主奠基者郭雨新、鄉土文學大師黃春明、廉能典範的陳定南、立志興學築夢成真的林

忠勝、台灣史懷哲陳五福醫師、蘭陽舞蹈團創辦人秘克琳神父、蘭陽大醫師范鳳龍，以及林義雄反核禁食支援後記等數篇，意在透過人物特寫，留下典範人物的形影事蹟。

再以二〇一四年九月第二期高雄專輯為例，其概要內容就包含：港灣與台灣國際貿易、高雄都會經濟與環境公安、高雄人高雄情、港灣與打狗風情、台灣藝文走廊、台灣民眾開講各大主題。同時依照當時重要時事，報導阿扁總統的身心靈歸路、香港人的民主運動與台灣人的關懷兩大專題。

探訪藝文人士，申揚台灣本土精神

如果太陽花學運後的《民報》，能成為下一世紀台灣藝文發展的指引，那《民報》必須要對當代台灣各縣市藝文的發展，進行代表性的引介與報導。基於上述理念，《民報文化雜誌》須從宜蘭、高雄、台南等各縣市，進行地方專輯式的編輯。

在每期編輯實務的推展上，我先跟發行人陳永興確認每期的主題縣市，接著永興兄開出該縣市的必訪名單，其餘雜誌內容均由我分別邀稿並執編。透過每期《民報文化雜誌》，作為當代台灣各縣市的概況報導。

歷經三年，《民報文化雜誌》共發行十八期，今日將其中的藝文報導，以美術篇、文學篇、音樂舞蹈篇集結成冊。在《民報》創刊初階段擔任總編的我，茲以美術人物篇為例，引介如下：

【美術人物篇】：

- 出身台北艋舺的台灣雕塑家第一人黃土水
- 台北的兩個楊三郎——畫家楊三郎與音樂家楊三郎
- 新竹傑出畫家與美育推手李澤藩
- 苗栗的本土漫畫開創者劉興欽與柏油畫家邱錫勳
- 台中的色彩大師廖繼春與膠彩畫之父林之助
- 「嘉義畫都」的藝文推手張李德和
- 南台灣美術舵手郭柏川與府城神轎匠師王永川
- 大木匠師陳天平與彩繪匠師陳穎派
- 走遍世界心懷台灣的陳錦芳與台灣美術史開創者蘇振明

除了美術人物篇以外，本專輯也彙編《民報文化雜誌》中各縣市文學、音樂舞蹈人物，例如：當代台灣文學的奠基者吳濁流、台灣第一位女詩人陳秀喜、文學與社會評論者李喬、達悟文學勇士夏曼．藍波安……，從傳統中創新的李泰祥、民謠之父胡德夫、鳳飛飛的台灣歌謠鄉土情、台灣現代舞之母蔡瑞月、詮釋世代的吶喊的林懷民……等，台灣藝文人士百家爭鳴、各有擅長。《民報文化雜誌》期許能作為引路人，試圖在各期縣市專題中，探訪該縣市的藝文人士，並將其生命與創作故事分享給大眾，希望讓觀眾走訪各地時，不僅是尋覓美食與打卡景點，也能探訪當地藝文之美。

期許人民的心聲，也成為時代的見證

《民報文化雜誌》的特點在於「民」字，此字代表土地與人民的心聲。據此觀點，這本十八期的民報彙編，將有別於政府與商業出版，可視為當代台灣政經、藝文人物的巡禮。

於本人物選集出版前夕，再次回溯自青年時期影響我的存在主義觀點：「你是誰？從哪裡來？往何處去？」，探討的可以是個人的主體性，也可以是身為台灣人的族群主體意識。期許透過這本台灣人物的彙編專輯，得以申揚台灣本土精神，讓這時代的發光者，成為下時代的引路人。

作者簡介（依姓氏筆畫排序）

丘月光 資深媒體工作者

吳慶年 前成大工學院教授、台灣教授協會會員

李伯男 嘉義畫家

李靜怡 媒體工作者

林光義 陳定南文教基金會董事長

林昌華 玉山神學院歷史神學副教授

林俊義 環保運動先驅、前東海大學教授

林冠妙 資深媒體工作者，前民報記者

林衡哲 台灣文藝復興提倡者，醫師作家

邱斐顯 知名作家，人權工作者

阿　愷 文史工作者，白色恐怖研究學者

莫　渝 詩人、作家

許天賢　美麗島事件受難者，前新樓醫院院牧
郭漢辰　詩人，作家
陳永興　民報創辦人，台灣人權、文化、醫療工作者
陳　希　台灣文史工作者
陳孟絹　前民報資深記者
陳俊廷　資深媒體工作者，前民報南部特派員
陳昱志　媒體工作者
陳義雄　古典音樂、樂教推展工作者
彭瑞金　文學評論家、前靜宜大學臺灣文學系專任教授、系所主任
程正德　藝術工作者，攝影、美術愛好者
黃思敏　媒體工作者
黃毓柔　媒體工作者
劉亞伯　資深媒體人，現任職於公視
劉美蓮　作家、教育部審定本《國小音樂課本》主編及教育電台主持人
蔡宏明　自由作家
蔣理容　音樂教育家、作家、蔣渭水文化基金會副執行長
鄧鴻源　大學教授

鄭炯明　詩人、作家，台灣文學基金會董事長

簡上仁　民族音樂研究者、長期致力於臺灣本土音樂之採集、整理、創作及推展

顏綠芬　德國柏林自由大學博士、前國立臺北藝術大學音樂學系暨研究所專任教授

嚴子離　媒體工作者

蘇振明　台北市立大學視覺藝術系所退休教授、專業畫家、民報雜誌總編輯

目次

輯一　學術篇

輯二　文學篇

輯二　音樂篇

輯四　藝術篇

輯一

學術篇

台南神學院創辦者巴克禮

許天賢、吳政道

被潑糞的宣教師

百多年前，有一位從英國來的宣教師，主後一八八五年在南部客家村發生了一件令人訝異的事件，一位宣教師因傳福音的緣故，遭到本地人非常失禮的對待：「他的全身被人潑糞」。真是難以想像的畫面，遭遇如此難堪的他非但沒有向對方發怒，還能以幽默的口氣回答「這糞尿灑在你們的蔬菜可當肥料，灑上我身上好可惜！」圍觀者莫不因其言行而深受感動。

他就是宣教師巴克禮博士！

累壞比鏽壞更好

一八七五年，離一八六五年第一位正式抵台的蘇格蘭宣教師馬雅各醫生，已有十年之距，這時蘇格蘭青年巴克禮牧師也來到了台灣（Formosa），當時台灣全島人口約兩百五十萬，初期馬雅各醫生因醫療傳道，被府城漢人排斥逼迫的時期已過，宣教事工正順利地擴展，當時已有二十六間教會，二十四位傳道人，慕道的人愈來愈多，但巴克禮牧師也曾在遺留下來的信函中提到：「宣教工作並非容易進行，最初十年的宣教會事工是順利發展，卻使下一階段難以進行，我思及 Fairbairn 校長在我封牧典禮時說的話：『帶著種子流淚出去的人，要抱著禾捆歡樂地回來。』（詩 126：6）」，這讓巴克禮牧師後來留下名言：「累壞比鏽壞更好」。

台灣第一間大學——台南神學院

教會初期由海外來的宣教師，不但要負責傳福音，同時也要在教會負擔牧養逐漸加增的教會信徒。一八六九年在台南二老口醫館（舊樓）之禮拜堂，開始「傳道速成班」，當時學生有九位，同時打狗（高雄）也有一班，學生四人，一直到一八七五年蘇格蘭來的巴克禮牧師，於一八七六年決定在府城台南建設一所教育機構，招募年輕人研究《聖經》，後來就把府城與打狗二班合併，成立命名「大學」；南神創校八十週年當時，院長黃彰輝牧師回憶說：「當我在孩童的時候，大家仍叫這所學校做『大學』。」

事實上這所學校在當時也是最高學府，擔任第一任校長的巴克禮牧師，除神學課程外，還安排教四書五經，自己教數學、天文等等，一八八〇年經由宣教師的共同努力，才在醫館東北邊建築一座校舍，巴克禮牧師仍為校長，時有學生十五名。他擔任校長期間前後，總共有兩百五十位學生受造就，且分發到教會服事、牧會，巴牧師在台近六十年之久，但他一直秉持教育理念，不曾鬆懈。

台灣的巴克禮

「台灣的巴克禮」（Barclay of Formosa），這是同樣擔任宣教師的萬榮華校長（一九一四年接長榮中學校長）對他的尊稱，也是肯定他對台灣神學教育的付出與疼惜台灣人民的認同。就如打必里・大宇牧師編著巴克禮博士傳一書的書名——《為愛航向福爾摩沙》，從年輕的傳道人、宣教師，將六十年的年歲奉獻給台灣、給台灣人民，最終埋葬於他所付出愛、實踐信仰的這塊土地上，這六十年的宣教生涯，完全給了台灣。

因宣教師的到來，台灣第一所西醫院（新樓醫院）、台灣第一所大學（台南神學院）、第一份報紙（《台灣教會公報》）、第一所中學（長榮中學）、第一所女子中學（長榮女中），相繼在台灣府城設立，「大學」成立初期，是要培育本地人為傳教者，雖然起初只有短期課程，後來慢慢愈來愈有規模，其中包括巴克禮牧師向自己的胞兄（四兄）募得一千鎊（一萬日圓），建設融合漢西文化的校舍大樓。

翻譯《聖經》

為要使得學生更深入《聖經》的教訓，或使得信徒可讀懂並可深入《聖經》的真理，他懷著一個抱負，就是翻譯白話字（廈門音）《聖經》，他得分別從希伯來原文的舊約與希臘原文的新約，翻譯成白話字（台灣話），也就是至今近一世紀以來我們所讀的台語《聖經》，不但造就不少傳教人，同時也留給台灣信徒，甚至台灣人更明白上帝的真理；翻譯過程中，第一次的文稿曾遇火災全部燒毀，而後再費心費時翻譯第二次，巴牧師在台南府城期間，也因白話字的推行而有公報社，也引進第一台印刷機。

甲午戰爭後，清朝將台灣割讓給日本，於一八九六年日軍將攻入府城時，被府城士紳推派為代表，夥同宋忠堅牧師一同冒生命危險，送信給要進入府城的日本乃木將軍並協商，請他們不流血進入府城，在歷史上，留下佳美見證。

非爾選我，乃我選爾

台南神學院目前仍保留有巴克禮牧師校長時期建築的校舍，但更重要的是神學院努力承襲的遺產，就是他「因信」而延伸的奉獻心志，如目前南神禮拜堂講台上：「不是你們揀選了我，而是我揀選了你們，並且指派你們去結那常存的果實。你們奉我的名，無論向父親求什麼，他一定賜給你們。」（約翰福音 15 : 16）的校訓。

巴克禮牧師在台六十年的宣教生涯，與南神神學教育不但密切，而且影響後代至深，事實上他同時也在本地語言、文字、一般教育、文化等各方面，都有非常緊密的關聯，確實讓我們現在的台灣人民，有更深的反省空間。

本文摘自《民報文化雜誌》第五期
（二〇一五年三月一日出版）

校園與社會的教育家林茂生

陳孟絹

台灣人第一位文學士林茂生，一八八七年生，台南人，是基督教會長老林燕臣的長男。自幼受父親與外祖父漢學薰陶，嗜好書法。一八九九年進入長老教中學（今長榮高中）求學，由於成績優異，受教會保送赴日本讀書，先在京都同志社中學當四年生，一年後，再考入京都第三高等學校的文科，接著考入東京帝國大學主修東方哲學，期間與台灣留學生成立「高砂青年會」，在東京推動民族運動，林茂生被推為首任會長。學費獲教會資助，因表現優秀又獲獎學金，於一九一六年畢業，成為第一位獲得文學士的台灣人。

貢獻於文化與教育

林茂生返台後在母校長榮中學（長老教中學於一九一四年改名）擔任教職人員，同時於只有兩名台灣教員的台南商業專門學校任教，受到薪資與日本人不同等的歧視待遇。一九二四年在兼任長老教會中學理事長時，為反抗日本政府的殖民政策，實現台灣人能在自由環境接受新式教育的理念，以小額募款的方式奔走募集十萬元基金，保送優秀教員赴日以達私校教員需三分之二擁有中學教員執照的規定。一九三二年為抗議學校師生被要求參拜神社，林茂生辭去理事長職務。

他於一九二三年在「臺灣文化協會」以文化啟蒙為宗旨的講習會，講習西洋史，一九二四年在「夏季學校」講授哲學、論理哲學、西洋文明史等課程。

台灣人第一位哲學博士

一九二七年林茂生接受台灣總督府的公費留學，到哥倫比亞大學攻讀碩士，隔年繼續攻讀博士，一九二九年以博士論文〈日本統治下的台灣教育：歷史發展和文化問題的分析研究〉，檢討日本同化政策的缺失，取得哲學博士學位，是台灣人獲文科博士第一人。回台後，依舊擔任教職，一九三一至一九四二年於台南高等工業學校（今成功大學）任教。林茂生於哥大深造的舉債，好不容易於一九四六年償還完畢，一九四七年的農曆年，他以輕鬆的口氣對家人說「在我的記憶中，這是我第一個沒有負債的新年」，可惜不久後，他就於二二八事件中蒙難。

從喜迎「祖國」到幾乎絕望

二戰後對於新政府的來臨，林茂生抱持著樂觀的看法。一九四五年底，被聘為臺大教授兼校務委員與接收委員的職務，在等待文學院長到任的空窗期，林茂生是有實權但無頭銜的代理院長。一九四六年下半年《民報》刊出〈對臺灣大學的期待〉社論，期待臺大能教授與研究台灣的歷史、文化等課題，相信也是林茂生的內心話。

創刊於一九四五年十月的《民報》，是由日治時期活躍於台灣的民族與社會運動者合辦，由林茂生擔任社長，這份為台灣人民喉舌的報紙，發揮民間輿論的力量，針對政治、經濟民生、社會等議題，有忠實的反映與鍼砭。據林茂生的次子林宗義揣測，父親主要的受難原因：一是因為辦《民報》得罪陳儀，二是陳儀認為他是台灣人的領導者，又不肯與他勾結，才招惹來殺身之禍。

在二二八發生的前夕，林茂生私下對林宗義感嘆「台灣少了一個李承晚」這樣帶領韓國走上獨立建國之路的人物，可見林茂生在國民政府執政下心境的轉變。

二二八事件後遭逮捕、羅織罪名

二二八事件爆發後，林茂生曾在「二二八事件處理委員會」發表凡事公平處理的簡短意見，之後，大瀨貴光教授曾警告他勿輕忽中國人的軍事武力與恐怖，但林茂生認為「他們知道我林茂生並沒有做什麼，能對我怎麼呢？」而拒逃。三月十一日，他在家中被持槍人員以「陳長官請你去說話」為由，帶走後從此消失。

陳儀在三月十三日呈報給蔣介石的「辦理人犯姓名調查表」，林茂生被指控的罪跡有三點：「一、陰謀叛亂首要，鼓動該校學生暴亂；二、強力接收國立臺灣大學；三、接近美國領事館，企圖由國際干涉，妄想台灣獨立。」這些，都是找不到具體證據的羅織罪名，藉以整肅罷了。

教育是台灣前途光明的唯一希望

二二八事件爆發之時，林宗義已二十七歲，對於父親的消逝點滴在心頭，他在一九九一年《自立晚報》的訪問中，面對父親在二二八事件中被捕遭殺害之事，透露不願追究責任的想法，只盼二二八的陰影儘快結束，台灣的人權與民主得到成長。顯示一位長老教會基督徒，倚靠信仰穿越困頓環境的堅毅性格。「教育是台灣前途光明的唯一希望」是林茂生一生的期待，他施教的場所不只在校園也在社會，辦報更是盼望對社會產生教育的功能，以報業引領台灣人民看清時事。這樣一位時代菁英的消失，不只是家屬的損失，更是台灣社會無法彌補的憾事。傳播他們可取的事蹟，就是戳破獨裁者欲蓋彌彰謊言的利器。

本文摘自《民報文化雜誌》第五期（二〇一五年三月一日出版）

台灣醫界第一人　杜聰明（一八九三～一九八六）

陳永興

杜聰明，一八九三年八月二十五日出生於淡水（滬尾）的北新庄，這個身材瘦小的男孩，竟然成為台灣醫學史上的小巨人，不僅是台灣第一個有史以來的博士（醫學博士），也是日治時代台灣醫學校唯一的台灣人教授，二次戰後臺灣大學醫學院第一任院長，又是台灣第一所私立醫學院（高雄醫學院）的創校校長，也是第一個招收原住民醫學生，培養山地偏遠地區醫師的倡導者，更是將台灣醫學研究推上國際舞台的學者，他最重要的研究有蛇毒、鴉片和中草藥，奠定了日後臺大藥理學教育人才輩出聞名世界的基礎，杜聰明可以說是台灣醫學本土教育之父，幾乎所有的台灣醫師都是他的學生或學生的學生。

台灣第一個博士

杜聰明，人如其名，小時候就成績優異很會讀書，一九〇四年入淡水公學校，一九〇九年公學校第一名畢業，入台北總督府醫學校，當年入學成績考試第一名，但日籍主管看其身材瘦小，還怕他無法勝任體育課，而以試讀錄取。杜聰明受此刺激，決心鍛鍊體魄，每日洗冷水澡並做體操自我訓練，生活規律並勤練書法和游泳，終生維持健康至九十四高齡才逝世，可見其毅力，在醫學校時與蔣渭水、賴和、翁俊明等同學友好，曾因同情孫文的革命，欲攜細菌前往北京圖害袁世凱未成，醫學校第一名畢業後，任總督府醫學校研究所雇員，研究細菌學。一九一五年杜聰明在醫學校長推薦下，赴日本京都帝大藥理學教室深造，一九二二年榮獲醫學博士學位，這是轟動當時台灣社會的第一個博士，杜聰明成為台灣家喻戶曉的人物，也受聘擔任總督府醫學校藥理學教授，專攻細菌、蛇毒、鴉片、嗎啡、中草藥各方面研究，後來從杜聰明藥理學教室培養出許多台灣本土的醫學博士。

日治時代，總督府為了增加稅收，設置鴉片專賣局獲取龐大利潤，蔣渭水的民眾黨向國際聯盟控訴日本政府殘害台灣人民健康，日本政府為掩飾售販鴉片之不當，設置了「臺北更生院」為鴉片成癮者提供戒治，杜聰明於一九三〇年出任更生院醫局長，研究鴉片毒癮者的診斷和戒治方法，有效幫助許多病患，獲得日本學術界和國際社會的肯定。

第一任臺大醫學院長

二次大戰結束，日人撤退，杜聰明是當時唯一台灣人教授，負責接收臺大醫學院，並獲國民政府聘任為第一任臺大醫學院院長，熱帶醫學研究所所長，台灣省戒菸所所長。在戰後重建期間，杜聰明帶領年輕輩的台灣人醫師和講師、副教授，在戰火摧殘後的廢墟中，把臺大醫學院和臺大醫院很快的變成台灣最高學府，也是台灣年輕學子最想投考的第一志願學校。

一九四七年杜聰明受聘為台灣省政府委員，他也是當時國民政府許多科學、教育相關委員會的顧問，不幸的是一九四七年發生二二八事件，以當時他在台灣人心目中的地位和影響力，很自然地也被邀請成為「二二八事件處理委員會」的委員，當國民政府援軍來台展開大屠殺大逮捕的行動當中，「二二八事件處理委員會」的許多成員也受到牽連而慘遭犧牲，幸好杜聰明走避了相當長的時間而免於受難，直到陳儀下台，魏道明來台接任省政府，杜聰明才被保證安全下，回任臺大醫學院院長，但他的好朋友林茂生（當時臺大文學院院長）還有臺大醫學院的很多人都被殺或被捕，杜聰明充滿無奈和低落的心情可想而知。

南下高雄創立高醫

杜聰明後來決定離開台北，前往高雄創立第一所台灣的私立醫學院，他相信不用政府的力量，台灣民間自己可以打造第一流的學府，像美國的哈佛、日本的早稻田，他希望把高雄醫學院辦成最好的私立大學。他的願望受到台灣醫學界極大的支持，高醫從一開設就成為台灣年輕學子選擇醫科的第二志願，杜聰明親自帶領學生到西子灣上游泳課，也親自講授藥理學，又以「樂學至上，研究第一」殷殷勉勵師生，早期高醫畢業生他必會贈送一幅自己親筆書法墨寶。在高醫，杜聰明很重視熱帶醫學研究，也關心台灣的原住民和山地偏鄉醫療，所以高醫是全台灣第一個設立「原住民專修班」招收原住民醫學生的學校，這些學生畢業後返鄉服務，成為現今全台灣原住民醫療健康最重要的守護者。

一九七二年杜聰明八十歲時，出版了回憶錄，他的回憶錄幾乎是台灣現代醫療發展的歷史，跨越日治時期和國民政府時期，珍貴史料和具人格特質令人感佩，他終生育台灣醫學英才無數，他的學生和學生的學生，成為今日台灣醫界的主要力量，照顧著台灣國民的健康和生命，他的貢獻無法衡量，他終生實踐「醫學為人類健康服務」的理念，也身體力行至九十四歲辭世，他是台灣醫界第一的小巨人，讓所有後人站在肩膀上望向未來！

本文摘自《民報文化雜誌》第十三期
（二〇一六年七月一日出版）

讓竹中人感念的校長辛志平

劉亞伯

新竹中學創校於一九二二年四月（日治大正），原名「新竹州立新竹中學校」，是五年制普通科，一九四一年改為四年制普通中學，一九四五年改為台灣省立新竹中學，為三年制高中、初中普通科學校。辛志平即為民國時期的第一任校長，而且前後長達三十年，建立了純樸務實的校風。

任校長三十年　建立純樸務實校風

辛志平出生於一九一二年，在廣東就讀中山大學教育系時，立定終身奉獻教育的心志，一九四五年奉命接收新竹中學，在師資、教材、設備均缺乏的狀況下延聘師資、辦理招生，自行編印教材。

在二二八事件發生時，學生主動協助校長避難，那個時候有學生就跟辛志平校長說，「我們是來清算貪官汙吏，可是校長您是教育家，您不必害怕，我們反而要保護您」。後來政府通緝「活躍分子」時，被列入黑名單的學生也在辛志平校長的掩護下，逃過一劫。

辛志平老校長非常強調全人教育，當年他堅持五育並重，有學生因為美術、體育、音樂不及格而被留級。在學生訓練上，實施每日每週的勞動服務，冬季舉行越野賽跑，環繞十八尖山，夏天舉行全校游泳比賽，「不會游泳不得畢業」。

不會游泳不得畢業

在辛志平校長任內三十年間（一九四五～一九七五年），新竹中學是台灣近四十年來極少數擺脫升學主義陰影、能辦正常教育的地方。他將自己信仰的教育理念：「中學教育是全人的、五育並重的教育」，當作一生追求的大夢。

老竹中人都看過辛志平穿著稍微嫌大的皮鞋，走起路來「叭噠、叭噠」響，走在後面還可以看到，被他穿破後跟的襪子破洞。這位節儉的校長曾對學校老師說：「我一定要把新竹中學辦成世界水準的學校！」

竹中的課程安排採大學式的流動教室制，平均每兩節課換一次教室；重視體育、美術、音樂和勞動服務，使得學生較少其他菁英高中的升學壓力，反而提早享有大學的自由學風。

三條戒律：不作弊、不偷竊、不打架

辛志平擔任校長時校規嚴格，他要學生誠實，有三條戒律：不作弊、不偷竊、不打架。違者一律開除。他說開除學生是不得已的手段，目的在整個校風的維持，絕不是對那少數學生的放棄。但學校開除學生後，校長還千方百計地把學生轉介紹到其他好學校。辛志平曾說，「對於被開除的學生，我們應該深懷歉疚，開除學生表示校長、老師對他的教育已束手無策，請他換換環境而已。」

辛校長自奉儉樸，更難得的是，他以身作則的修養，對自己辦不到的事，絕不要求部屬、學生做到。有一次學校舉行期考，辛校長進入一間教室巡考，為值日生窗戶沒有開好，地面未掃乾淨，向學生訓了幾句。有一位學生突然站起來說：「校長，我們正在考試，請你尊重我們的權利，保持試場的安靜！」辛校長對這位學生的反應有些錯愕，但頓了一下，就一聲不響地退出教室。

民國四十年代為辛校長辦學的興盛期，在教師制度上，建立師資聘用制度，過程公開，教師聘用由教學研究會決定，不全由校長決定，對於老師採尊敬、照顧。成立教學研究會和教學觀摩會，讓老師互相學習切磋，為新竹中學教務體系最重要的核心與特色，辛校長對於教師要求也很嚴格，強調抽閱檢視教師批改作業的品質。

施性忠親手寫輓聯：校長不死

辛志平曾說一生做了兩件大事，一是參加抗戰，一是辦新竹中學，對於辛校長的教育家典範，至今仍為許多新竹中學校友感念。

前新竹市長施性忠當選後到辛家拜訪，見面就說：「我有今天要感謝校長，如果不是校長的公正，我永遠當不上新竹市長。」施性忠在竹中讀到高三上被退學，轉學到高雄中學畢業，但他始終以竹中為榮。辛志平過世，施性忠還親筆以紅布手書「校長不死」的輓聯。

一九八五年端午節後，辛志平病逝。告別式當天，在路滑難行的富德公墓路上，綿延數公里都是竹中人。

目前的市定古蹟「辛志平校長故居」，原本是日治時期新竹中學校的校長宿舍，為日治時期首任校長大木俊九郎時期完工，推測故居的創建年代應於一九二二年（大正十一年）。一九四五年（民國三十四年）國民政府派辛志平校長接收新竹中學校，直至一九八五年（民國七十四年），辛校長居住於此長達四十年，過世後故居閒置，前棟於二〇〇六年修復完成，後棟於二〇〇七年完成修復。

本文摘自《民報文化雜誌》第八期
（二〇一五年九月一日出版）

教育牧羊人　陳能通

陳孟絹

他出生於基督徒世家，是一位物理學家、傳道師、教育家，成就斐然的他，消失於二二八的國家暴力。他，是陳能通。

基督徒世家

陳能通是第三代基督徒，他的父親陳旺牧師在十四歲（一八九〇年）受洗，他的祖父陳居於水返腳（今汐止）務農，三十一歲（一八八七年）受洗。陳能通的妻子蕭美德，同樣是基督徒第三代。

陳能通出生於一八九九年，水返腳人，求學歷程有南崁公學校（一九一五年畢業）、淡水中學（一九二〇年畢業）、日本熊本第五高等學校（一九二四年畢業）、日本京都帝國大學物理系（一九二七年畢業）。返台後在淡水中學任教、結婚、擔任淡水教會執事。

這位極有資歷的數學與科學老師，感於福音使命與神學知識的重要，一九三七年舉家赴日，在東京神學校進修。他的家族系譜，使他與信仰、傳教有密不可分的關係。

蕭美德的外甥陳晢宗牧師描述陳能通「是一個典型的學者，有冷靜的頭腦，喜歡思考，個性拘謹」，「但他有一顆溫柔的心，總是笑臉迎人」，「他也是一個認真的基督教思想家」。

信仰與科學

他沉穩的條理分析風格，也展現在作品之中。他在一九二五～一九三三年發表關於物理科學、信仰的文章，於白話文作品〈光的色緻〉（Kng ê Sek-tì）寫到：

……落西北雨了後，抑是欲做風颱的時，常常看見彼條五彩色的帶顯出，來裝飾佇空中裡。實在是到極美！照《聖經》所記載，「虹」是上帝佮挪亞的後裔，以及地面的活命，所立的記號（創世記9：8~17）。

他運用科學解釋自然界的現象，並闡述《聖經》裡的話語，彰顯造物主的大能。另一篇〈科學佮信仰〉（Kho-hak kap Sin-gióng）進一步寫到科學家的職責：

……科學上的智識是上帝對人類所賞賜的一項；總是人類得著這號賞賜ná濟soà ná離開上

> 帝，boē記得賞賜的源頭，愛看輕伊，愛否定伊的存在……學若踮佇伊的範圍內，守伊的本分，tui現象界來知上帝的存在，按呢科學就值伊最高的使命。……

顯示他想要破除將科學視為偶像的迷思，及對上帝的崇敬；也藉由探索科學，進而辯證自己對信仰的堅定。

承接教育重擔

他於一九四〇年攻讀神學畢業回台，任教台南長榮中學（前身長老教會中學）、兼任台南東門教會傳道師。一九四二年任台北神學校（今台灣神學院）代理校長。一九四四年擔任台北宮前女學校教務長，該校由神學校分離，旨在提高婦女信徒的受教機會，並栽培女性宣道人才。

一九四五年十一月，董事長林茂生兼任淡水中學校（原淡中）、淡水女子中學（原淡水高女）與中山女子中學（原宮前女中）三校的校長，陳能通搭配擔任男校的教務主任。戰後台灣社會動盪，不過在林茂生的經營下學校逐漸穩定。

一九四六年五月，陳能通接下淡水中學（今淡江高中）校長職務，此時接管台灣半年多的國府獨裁、軍隊橫暴、接收者特權、社會混亂、經濟蕭條。他六月接受採訪指出學校面臨最大的困難是「經費不足、師資缺乏」，但他仍在刻苦之中多方奔走尋找資源以穩住校務，也確保長老教會學校的主權。

「台省第一屆青年夏令營」該年八月在淡水中學舉辦，夏令營兼主任為陳儀、副主任為柯遠芬。學校當時有一批日治時期留存的軍訓槍枝，陳能通想把槍枝交給柯遠芬處理，但柯遠芬以日後還有軍事訓練課程為由寫字條要學校保管槍枝；另柯遠芬亦要求在校內蓋中國式八角涼亭，被陳能通以此構想與歐式設計的校園景觀不合，且經費拮据由理婉拒。

淡水二二八

二二八事件波及淡水時，陳能通在三月初做出停課決定，要學生回家暫避紛亂。然而三月十日一名家住台南的學生郭曉鐘未及返家，在淡水街上遇到軍隊被無故射殺身亡。陳能通與校內的體育老師兼訓導主任黃阿統，將學生遺體運回學校體育館，等待家長來料理後事。當晚陳能通還告誡兒子陳穎奇「少年人勿與人參加有的無的」，此叮嚀卻成為最後的遺言。

三月十一日清晨，軍人抵達校長宿舍強拉走陳能通，父親陳旺認為狀況不對跟隨出去，亦被帶走。一早前往查看學生大體的黃阿統，在校園遇到持槍軍人，三人皆被帶走。

根據隔日被放回的陳旺描述，三人被載到淡水沙崙海水浴場，個別綑綁於三棵樹整晚，陳能通自知大難臨頭，含淚對陳旺說「阿爸不久你可返家，請幫助設法家內事」。陳能通與黃阿統據傳另被軍用卡車載走，此後下落不明。

遭事後羅織罪名

國府事後羅織兩人罪狀「淡水中學校長陳能通發表謊謬言論，煽動學生響應台北，招致流氓及青年學生在校內舉辦軍事訓練班，由訓導主任黃阿統主持反動組織，並以該校為根據地……」，此與見證者的口述資料不符，他們「被」背負汙名化的罪名。

人民寄予二〇一六年執政的蔡英文政府厚望，如何藉由清算過去讓歷史導正，考驗執政者的智慧。

本文摘自《民報文化雜誌》第十三期
（二〇一六年七月一日出版）

「台灣島史觀」的原創者曹永和

林衡哲

曹永和最大的貢獻是在一九八〇年代率先提出「台灣島史觀」，建立超越既往的獨特史觀：「以時間為座標，以生息於台灣的人民為主體。從史前時代一直到現代，不同的族群在不同的時期來到台灣，他們在台灣所創造的歷史都是台灣史。」曹永和的台灣史，不屬於「中國五千年史」，也不屬於「台灣四百年史」，而是包括「史前時代」一直到現代的完整台灣史，在時間的座標上，至少涵蓋六千年的台灣史。

生命中的第一個貴人：張若華

一九二〇年出生於台北士林的曹永和，出身士林有名的書生門弟，祖父曹天相設私塾授業，父親曹賜瑩畢業於台灣總督府國語學校，任士林八芝蘭公學校訓導。但曹永和考中學落榜一次，報考高等學校又落榜二次，所以他沒有讀過大學，最高學歷是日治時代的台北二中（現在的成功中學），由於考試失利，身為長子的他壓力極大，家裡又要他攻讀醫科，失落之際，一時也曾有出家避世之念，所幸在台灣總督府的附設圖書館逃避家人與升學時，體驗到閱讀之樂，而成為一生愛書之人；又結交同樣好學有理想的友人而互相鼓勵扶持，進而結識了後來的妻子張若華。而張若華可以說是他生命中的第一個貴人。

張若華出身萬華富貴人家，她先後畢業於臺北第三高女與臺北女子高等學院，在校是風雲人物，也是勇敢自主的摩登新女性，她的父母兄長認為嫁給醫生才能幸福，但這位千金小姐不但沒有與醫生結親，反而下嫁落第的秀才曹永和。本來父母反對他與曹永和的婚姻，但因戰爭後期，母親去世，大哥以軍醫身分戰死沙場，而當時曹永和沒考上醫學院，兵役檢查也不合格，因此沒有被派上戰場，終於在一九四五年五月女方家長放棄反對，讓擔任士林合作社書記的曹永和與在臺北帝大文政學部擔任職員的張若華，苦戀而終成眷屬。

從古老文獻打造學術殿堂

曹永和在一九四七年三月，進去臺灣大學圖書館工作，他在這裡工作了三十八年，才在一九八五年從臺大圖書館的工作退休下來。曹永和之所以懂得十種以上的語言，主要是得力於臺大圖書館的藏書和他個人所下的苦功夫，因為十七世紀的台灣史料，大多以非英文方式存在，經常出現荷蘭文、西班牙文、葡萄牙文等，而臺北帝大時期的資料，以日文最多、德文、英文、法文也不少，因此為了全面掌握歷史資料，曹永和立志下苦功夫，除了漢文和日文外，他也開始慢慢瞭解以上六種語言，一本本破舊的圖書資料，被歸類上架後，經過曹永和的解說就變成貴重的文獻珍寶，臺大圖書館的同事們常說：正是曹永和賦予這些史料生命力與再利用的機會。

荷蘭治台史權威岩生成一得意門生

曹永和生命中另一個貴人是岩生成一，沒有岩生成一的知遇之恩，可能就不會有曹永和的學術成就，他的學問能如此紮實並廣為國際所知，與台灣史（尤其是荷蘭治台史）權威岩生成一的傾心教導有密切關係，一九六〇年代他將自己的論文大家寄去東京大學給岩生成一，受到岩生賞識，他甚至為此來台灣與曹永和見面，並為曹永和爭取到聯合國教科文組織的獎學金，可以讓他到東大的東洋文庫研究一年，並正式成為岩生成一的私塾弟子。

一九八五年曹永和從臺大圖書館退休之後，臺大延聘他為兼任教授，開授台灣史課程，臺大學生才有機會在課堂上親炙曹永和的風采，一九八五年，他在研究所開授「台灣史專題研究」課程，他以此研究班為場域，培養不少新生代的台灣史研究人才，成為台灣史教育陣容的生力軍，協助終結國民黨政權將台灣史當成地方史或中國史的一部分的屈辱局面。

曹永和三十八年的公務員生涯，祇得到四十萬台幣的退休金，而他一生的薪水大部分都花在買書和幫助學生身上，幸好夫人張若華善於理財管家，才有可能在一九九九年捐出一千萬成立「財團法人曹永和文教基金會」來推動台灣史的教育研究事業，基金會與知名的遠流出版社合作，出版了一系列的史學名著，終於使荷蘭時代的台灣史變成了顯學。

大器晚成的一代史學宗師

他確實是一位大器晚成的一代宗師，一九九八年（七十八歲）他才當選中央研究院院士，二〇〇二年（八十二歲）他是台灣人中第一位榮獲荷蘭女王碧翠斯頒授奧倫治．拿索勳章，二〇〇九年（八十九歲）那一年才獲得臺灣大學名譽博士，二〇一二年（九十二歲）才榮獲日本政府頒發的全球性的「旭日中授賞」。他為人的謙虛，可以從他當選院士後的感言看出：「我的古荷蘭文還沒出師。台灣史的研究，現在才真正要開始建立而已。」他大概做夢也沒有想到，他所專長的荷西時期的台灣史，今日已經變成熱門的顯學，我個人特別期待，他的眾弟子能聯合起來，集體創作一部，從南島語系的台灣原住民觀點，符合曹永和的「台灣島史觀」，一部完整的「台灣史」。

本文摘自《民報文化雜誌》第十期

（二〇一六年一月一日出版）

哀悼大師殞落：楊南郡奇光異彩的台灣學成就

阿愷

台灣高山學、古道學、原住民文化研究、登山活動的翹楚——楊南郡先生（一九三一～二〇一六），二〇一六年八月二十七日因癌症病逝，享年八十五歲。

楊南郡是台灣學界的傳奇人物。他是台南龍崎人，自認是平埔族的後裔。太平洋戰爭年代，十四歲就到日本當少年兵，在盟軍空襲時死裡逃生。戰後回台，開始學中文，卻考上臺大外文系。一九五五年畢業後，任職英文教師、美軍駐台單位。這時的他，中、英、日文皆通，卻在意外的因緣下，一頭栽進台灣學裡面最冷僻、也最迷人的高山學研究。

楊南郡與高山學的因緣，是一九五九年左右，在台南空軍基地服務時，受到駐地美軍喜愛野外休閒活動的啟發，而開始對探查山林產生興趣。之後，他參加登山隊，足跡踏遍名山，是台灣戰後登山活動的先驅。一九七二年時，他已經攀登過「五岳三尖二湖」，完成黑色山脈（奇萊連峰）縱走，並擔任台南市登山會的奇萊山搜救隊隊長。

一九七八年，楊南郡與妻子徐如林（臺大化工系畢業）結婚。由於兩人都志同道合，因此攜手同遊無數高山（楊南郡一九七〇年代即完成百岳攀登），並一同探勘許多古道、部落遺址；再從古道和部落遺址的探勘中，延伸對日治時代「理番」和探險史的研究，從而將斷裂數十年的日治時代理番探險史，與當代的原住民研究、自然生態研究，做了精彩的結合。

特別重要的是，由於夫妻倆都是登山家兼探險家，因此他們對古籍的詮譯能夠深刻生動，跟一般掉書袋的學者不同；又由於夫妻倆都是高學歷的知識分子，因此對高山、原住民、古道等相關學問的引介，也能旁徵博引文獻，具備學術的深度，又跟純粹登山活動者不同。簡言之，他們把文化結合登山，把戰前（日治甚至清治）連結戰後，開創台灣學另一片寬廣縱深的視野。

也由於楊南郡實勘經驗豐富又廣博群書，因此先後主持或協助合歡越嶺道、八通山古道、蘇花古道、浸水營古道、能高越嶺道、鄒族古道、崑崙坳古道、阿朗壹古道等的調查；他是第一個到達馬赫坡岩窟（霧社事件莫那魯道等兩百多人集體自殺之處）的研究者，恐怕也是第一個探勘玉穗社（大分事件的抗日基地）、伊加之番社（拉馬達仙仙的抗日基地）的研究者。

此外，也由於楊南郡（和一些學者）的引介，日治時代的探險家伊能嘉矩、鹿野忠雄、鳥居龍藏、森丑之助等人對台灣學的先驅研究，才被後人認識和傳承。孫大川講得好：「沒有像楊南郡先生那樣身體力行、上山下海，經年累月重新踏勘文獻時空的意志，便不可能復活鹿野忠雄、伊能嘉矩和森丑之助等所遺留下來的資料。這早已不是單純的文字傳譯，而是一種性格的相應和生命的相互激盪，文獻因而也有了自己的生命！」

楊南郡的學問，具備中央研究院院士級的功力，可惜那些高山學、古道學、探險學的「冷門」知識，還不被當代學術界正式認可（應該說，當代學術界還跟不上楊南郡的腳步）。因此二〇一〇年東華大學頒授他名譽博士，對其貢獻只能籠統以「社會科學」概稱之。但如果換個角度，從「台灣學」的成就來看，楊南郡絕對是光彩耀眼的大師。至於他所獲得的吳三連報導文學獎、中國時報報導文學獎和年度文學推薦獎、中國時報文學獎最高推薦獎、聯合報年度十大好書獎、第一屆傑出台灣文獻工作獎等，都是實至名歸的表揚。事實上，他的成就高度，也遠遠超過這些獎項之外。

二〇一四年走了一位曹永和、一位張炎憲，二〇一六年又走了一位楊南郡，台灣學這些令人敬重的大師相繼殞落，令人痛惜與不捨。劉克襄說：「楊南郡回去巡山了。」這位行遍千山萬水的南郡大師，人間瀟灑走一遭，樹葬之後，是否將化作千風，繼續眷顧他心愛的台灣大地？

本文摘自《民報》網站

（二〇一六年八月二十八日出版）

刑法泰斗蔡墩銘　逆境中見證台灣民主

林冠妙

蔡墩銘，一九三二年二月二十一日生於台南市，臺大法律學院譽為「刑事法的祭酒、跨世紀的宗師」，台灣財經刑法研究學會頒贈「法學啟蒙革命導師」獎，前司法院大法官蘇俊雄推崇其對新舊刑法體系承先啟後之貢獻，八十二年後，一代法學宗師，在十月十七日上午因癌症病逝於臺大醫院。

蔡墩銘，刑法界泰斗，德國佛萊堡大學法學博士，臺大法學院名譽教授，國際刑法學會台灣分會理事長，畢生致力推動民主、法治，保障人權、自由，不畏國民黨戒嚴獨裁統治，發表文章倡導民主，批判報禁，爭取言論自由，主張廢除刑法一百條，反對制定國安三法，發動追討黨產運動，對台灣民主發展貢獻卓著。

出生戰亂時代，在逆境中成長

身為德國法學博士的蔡墩銘，卻沒有小學畢業證書，他在小學即將畢業時，遇到太平戰爭美機轟炸，雖逃過一劫，但住家被燒毀，到親戚家避難，沒有參加畢業考，不僅沒有領到畢業證書，還得跟著家人到處流浪。

蔡墩銘是家中獨子，生在戰亂時代的窮苦家庭，從小就在逆境中成長，日治時期在區公所擔任公職的父親，勉強可維持家計，但在中國國民黨接管台灣後，區公所員工幾乎全部被裁員，且沒有退休金，再加上戰後物資缺乏，民生物價高漲，原本就拮据的生活，更是陷入困境。

二二八慘烈的槍聲，充滿恐懼記憶

一九四七年爆發二二八事件，蔡墩銘就讀台南二中高中部，親眼目睹了台南市議員湯德章律師，在公開槍決前，被押在軍車上遊街示眾，湯德章在公園被公開槍斃後，政府不准家人收屍，經過一星期的曝屍示眾後，家人才得以處理後事；而學校附近的一片空地，被當成了行刑場，不時傳來慘烈的槍聲，讓他被迫在充滿恐懼的環境中求學、成長。

逆境中，蔡墩銘沒有自我放棄，他選擇克服奮進，絕地反擊。因美軍轟炸，錯過了中學考期，在進入商職學簿記後，立志擔任保障弱勢人權的律師，決定繼續升學，取得大學學歷報考律師，雖然小學念的「國語」是日語，一直到台南二中時才正式接受國民黨推行的「國語」教育——北京話，還是順利考取臺大法律系及師範學院英文系，但因家庭經濟困難，為了念自費的臺大法律系，和原本就不希望他上大學的父親，鬧了一場家庭革命。

不畏獨裁強權，撰文倡導民主

中國國民黨政府來台後，自一九五〇年開始舉辦的高普考，是以全中國為範圍，依省籍比例錄取，施行「分區定額錄取制度」，江蘇籍錄取四十四人，四川籍錄取五十人，台灣籍只有八人，台灣省籍和外省籍比例是八比五四〇，在如此懸殊的差別待遇下，蔡墩銘仍在一九五六年拼上高考法官，繼續攻讀臺大法研所後，考取德國學術交流總署（DAAD）獎學金，赴德國深造，兩年半即取得德國佛萊堡大學法學博士學位。

蔡墩銘是第一位通過臺大法研所碩士學位考試、第一位出任司法行政部科長的本省人，也是台灣第一位拿到德國法學博士學位者，一九六五年學成歸國，進入母校臺大法律系任教，一待就是三十七年。經過德國自由理念的洗禮，蔡墩銘不畏國民黨的戒嚴獨裁統治、高壓管制言論及集會自由，在一九七九年高雄美麗島事件後，開始在《自立晚報》、《民眾日報》等撰文倡導民主、批判報禁問題，爭取言論自由與基本人權。

推動廢除死刑，避免國家殺人

一九八三年擔任「中國比較法學會」（現「台灣法學會」）理事長期間，蔡墩銘經常舉辦國際性法學會議，邀請各國專家學者來台討論，還曾受美國國務院邀請，赴華盛頓進行為期一個月的訪問。法學會特別關注人權議題，開始推動廢除死刑，蔡墩銘曾在高中時期，親眼目睹民眾被軍人押往公園槍斃，受戒嚴時期軍事審判速審速決之衝擊，深感死刑容易被統治者濫用，人權沒有保障，極力反對死刑，他曾說，死刑就像戰爭一樣，都是用國家機器殺人，為避免國家殺人，廢除死刑和不要戰爭，同樣重要，呼籲政府儘快廢除死刑，讓台灣成為沒有死刑的國家。

廢刑法一百條，爭取言論自由

制訂於一九三五年的刑法一百條，成為戒嚴時期國民黨整肅異己的工具，一九九一年學界、文化、醫界、律師、宗教、社運等團體，聯合組成「一百行動聯盟」，蔡墩銘與李鎮源召集人、陳師孟、林山田等人，推動廢除刑法第一百條（和平叛亂罪）運動，發動「反閱兵、廢惡法」行動，在臺大醫院門前靜坐，最後雖然一百條只修不廢，但成功的刪除陰謀犯之規定，保障了人權與言論、思想自由，是愛與非暴力抗爭的典範。

追討黨產先驅，獻身司法改革

二〇〇一年一群教授、律師、會計師、財經、法學專家，不分黨派成立「全民監督黨產改革聯盟」（後改名為「黨產歸零聯盟」），蔡墩銘擔任總召集人，與台灣法學會、台灣教授協會、民間司改會、台權會等社團，展開追討不當黨產運動，提出「還財於民」、「黨產現金化」、「節制超額黨產」三大訴求，為追討黨產奠定關鍵的法律基礎。

蔡墩銘於臺大作育英才近四十年，桃李滿天下，門生遍及各界，發表數百篇專業期刊論文，學術著作譯本四十本，有鑑於新的科學將帶動新的法律學潮，積極投入跨領域著作，探討各學科與法律的關係。二〇〇二年自臺灣大學退休，獲聘為榮譽教授，臺大特地舉行盛大的榮退歡送會，二〇〇四年擔任「法律扶助基金會」創會董事長，關懷弱勢訴訟平等權，擔任法務部刑法研究修正委員會委員等，終身奉獻司法改革。

本文摘自《民報》網站

（二〇一四年十月二十四日出版）

永遠望鄉的國際生化大師──廖述宗（一九三一～二〇一四）

林衡哲

世界級的男性荷爾蒙權威

廖述宗教授一九三一年一月一日生於台灣台南，他的父親廖繼春是台灣畫壇的一代大師，是台灣人在日本藝術界得獎次數最多的藝術家，並且在台灣作育英才達半世紀之久，培養了無數畫壇菁英；廖教授在芝加哥大學醫學院「明美癌症研究中心」，與當代「癌症化療之父」（一九六六年諾貝爾獎得主）哈更斯博士，並肩奮鬥四十年，並成為他的接班人，使該中心成為舉世聞名的癌症研究機構，作育全球無數英才，達半世紀之久，而於二〇一四年七月二十日安然去逝於美國芝加哥家中，享年八十四歲，他是國際學術界著名的男性荷爾蒙權威，但卻生了四個可愛的女兒，他是用荷爾蒙治療攝護腺癌症的先驅，想不到最後卻死於攝護腺癌。

台美人的典範人物

廖述宗教授也可以說是台美人的典範，他不但在專業的生化領域裡，是名滿天下的人物，而且雖然他的家庭和事業都早已定根美國，但卻無時無刻不在關心他的心愛祖國——台灣，在他十六歲那一年，台灣發生「二二八事件」，他親眼見證中國國民黨的殘酷暴行，因此從內心深處萌發了強烈的台灣意識。廖述宗經過二二八的洗禮後，渡過一段苦悶的年代與白色恐怖的階段，一九五六年他二十五歲時獲得臺大農化系碩士之後，獲得美國伊利諾理工學院的優渥獎學金，一方面滿懷學術壯志，另一方面也暗自希望考察美國的民主制度，研究如何以和平方式早日結束國民黨暴政，讓台灣人早日出頭天的夢想。

他先到伊利諾理工學院生物系跟系主任海德克博士（Hedrick）研究一年之後，他請系主任寫推薦函，讓他轉學。由於廖述宗曾在一九五六年發表有關「核酸結構」的論文，因此不久便接到康乃爾大學一位羅伯特・哈利（Robert Holley）教授的來信，願意提供高額的獎學金，收他做博士生。

但就當他要去康乃爾大學之前的一九五七年夏末，有一天誤打誤闖進入芝加哥大學生化系主任伊凡斯博士（Earl Evans）的辦公室，二人居然一談鍾情，並要他第二天到「明美癌症研究中心」的塔拉萊教授（Paul Talalay）實驗室報到，廖述宗依約前往，找到塔拉萊博士後，他二話不說，便遞了一件實驗衣給廖述宗，兩人便開始動手做實驗，從此廖述宗便在這裡渡過五十六年的實驗室人生，直到二〇一三年才正式退休。

這一段奇妙的人生機緣，讓他沒經過入學申請，便直接進芝大生化研究所，並在一九六一年獲得博士學位，當代癌症化療之父哈更斯博士，立刻延聘廖述宗，此後兩人亦師亦友，哈更斯博士雖是一九六六年諾貝爾獎得主，但毫無大師的架子，他經常在下午四點鐘時，走進廖教授的實驗室，並問他：「你今天有什麼發現？」因此「發現」便是哈博士終身追求的目標，也成為廖教授和明美癌症研究中心共同奉行的座右銘。

我很幸運地在一九九二年拜訪廖教授時，由他帶我去看正在做老鼠實驗的哈更斯博士，那時他已經九十歲了，仍然天天來實驗室過「發現者」的生活。哈更斯博士與廖述宗的關係形同父子，一九六九年當李卓皓博士要邀請廖教授返台籌設生化研究所時，那時哈更斯博士堅決反對！但現在台灣已經可以民選總統了，他反而希望廖述宗有機會返台選總統，哈更斯博士相信廖教授將會是一位追求公平正義的好總統。只是，廖教授對發現科學真理的興趣超越對追求政治權力的興趣，他以犧牲奉獻的精神在追求整體台灣人的出頭天。

創立「北美洲台灣人教授協會」

一九七九年美麗島事件發生，國民黨政權大逮捕台灣的一代菁英，廖述宗決心走出學術象牙塔，積極展開救援行動，在他的號召下，短短數天內，一百三十七位台灣人教授參與連署，聯合在華盛頓郵報登廣告，控告國府濫捕異議人士，主張公平和公開的司法審判。接著他在一九八〇年四月二十四日，與黃金來、蔡嘉寅、吳得民、賴義雄和陳炳杞等人創立「北美洲台灣人教授協會」，與會四十多位教授，共推廖述宗為創會會長。

一九八二年教授協會在海外和島內做了兩次破冰之旅，他們邀請尤清、康寧祥、黃煌雄、張德銘和紀政等五人，到美國田納西參加北美洲台灣人教授協會年會暨東南區台灣人夏令會；一九八二年八月廖述宗以黑名單身分，接受李卓皓博士邀請，返台參加臺大主辦的國際生化研討會發表學術演講，同時深入虎穴，與國民黨祕書長蔣彥士會晤，要求釋放政治犯，並撤除海外校園特務。會後也與當時的省長李登輝密談，對李登輝的「台灣心」留下深刻印象。一九八三年底台灣大選，即使美國國務院官員警告他，不要重蹈菲律賓烈士阿奎諾的覆轍，他仍然與張旭成、陳榮耀三人以「北美洲台灣人教授協會觀選團」名義，為美麗島受刑人家屬候選人如方素敏、周清玉、許榮淑等人加油。

一九八六年吳西面主持的第一屆台灣文化之夜，當晚演講的陳永興醫生鼓吹海外台灣人募集三百萬美金，合力來創辦一份日報，當時吳西面挽留陳永興留在美國辦報，但陳永興認為台灣的戰場比美國重要，留下辦日報的重擔，交給廖述宗教授負責，那時廖教授曾專心研究美國的報紙，並分別在華盛頓和路易西安那州召開兩次籌備會，可惜因資金太大，而沒有成功，於是在吳西面的號召下，一九八七年《太平洋時報》週刊就誕生了，目前這份報紙仍然在服務北美洲的台灣人社區，這次廖述宗教授過世，最早報導的報紙，是陳永興創辦的台灣《民報》，和美國吳西面創辦的《太平洋時報》。

支持台灣民主運動，重視海外台灣文化運動

除了支持台灣的民主運動外，廖教授非常重視台灣文化的宣揚，因此常常在我主持的「台灣出版社」有困難時，就會助我一臂之力，例如一九八六年我們出版社到香港印書被騙，我個人和出版社的財務都在「ＩＣＵ」中，透過廖教授主持的傳明基金會告知，幕後的金主李雅彥醫生，就寄來六千美金，使台灣出版社東山再起，而蕭泰然作品專輯三張卡帶，也是由廖教授和李雅彥合作催生的。

一九九二年拜訪廖教授時，順便到芝大書店參觀，發現介紹中國的書不少，但介紹台灣的書幾乎沒有，萌發了我創刊「台灣英文文庫」的想法，當第一本柯喬治（George Kerr）的 *Formosa Betrayed*（台灣譯為《被出賣的台灣》）出版時，廖教授認為這本書，是每一個台灣人第二代和美國人想瞭解台灣近代史必定要看的書，因此他主持的慈淵基金會（幕後金主是顏永財和莊和子）購買五十本送給美國各大學東亞圖書館，雖然台灣出版社在三年前已完成出版台灣禁書的使命，而結束營業，唯獨這本廖教授贊助出版的 *Formosa Betrayed* 仍然在 Amazon 上可以買到。

促成總統直接民選，奉獻政黨輪替

三十年來我們為了海外台灣人的事務，雖不常見面，但卻經常保持連續，最後一次見到廖教授是在二〇一一年夏天，《民報》創辦人陳永興到芝加哥參加高醫校友會時，我和楊正聰醫生陪陳永興去拜訪廖述宗教授時，他仍然相當健談，八十歲的他仍然每天走路到實驗室去上班，追隨他老師哈更斯的腳步，每天仍然在過「Discovery」式的生活。

他說他已經無法回到台灣助選了，但仍然非常關心台灣總統的選情，他回憶起一九九〇年六月二十八日他代表海外台灣人，在圓山飯店參加李登輝催生的「國是會議」時，他說：「跟我同一組的馬英九是最反對總統直選的人，於是我聯合海外六位代表，告訴李登輝，如果總統不直接民選，我們馬上走出國是會議議場，馬上返美。」後來因為廖述宗等海外代表的立場堅持，廖述宗領導的「直接民選派」戰勝了馬英九領導的「委任直選派」。

二〇〇〇年的總統直選，在歷史的關鍵時刻，廖教授也引用詩人但丁的一句名言，鼓勵李遠哲走出學術象牙塔，為陳水扁成立「國政顧問團」，並在大選前夕為陳水扁加持，終於導致台灣史上第一次政黨輪替。

但是二〇〇八年，那位最反對直選總統的人，卻當選總統之後，廖教授就再也沒有回到他心愛的故鄉，正如黃彰輝牧師、郭雨新、和林宗義這些客死異鄉的台灣愛國者，沒有看到台灣變成一個獨立、民主、進步、有品質、有尊嚴的國家，是他們共同的遺憾，除了這個夢想之外，他唯一願望是：「我所做的一切，就是要將我的熱情、心力與研究成果奉獻給台灣。」

安息吧！廖教授，新一代的「太陽花學運」已經給台灣帶來了新希望，他們對公平正義的勇敢追求，而且頭腦非常清楚，並且普遍擁有台獨的DNA，相信他們不久的將來將會以和平的選票，推翻國民黨的貪腐獨裁政權，完成你一生的夢想：台灣變成獨立、民主和有國際尊嚴的國家。（二〇一四年七月二十四日完稿於南加州亞伯蘭市，此文參考楊遠薰所寫廖述宗的故事，特別向她致謝。）

本文摘自《民報》網站
（二〇一四年七月二十六日出版）

散播憲法種子的李鴻禧

丘月光

「六十五歲以前要做台灣的李鴻禧；六十五歲以後要做自己的李鴻禧」，今年（二〇一四）七十八歲的李鴻禧，已走過全世界超過一百零七個國家，足跡遍及敘利亞、葉門、撒哈拉沙漠等地，蒙古騎馬難不到他，也曾跟命運交手四回合，他的心願是希望台灣能夠制定一部新憲法。

李鴻禧與太太李鳳儀是臺大法學系的同學，李鳳儀形容李鴻禧講話非常幽默，總會把艱深難懂的法學知識用民眾生活中的小故事，透過通俗台語或俚語表達，拉近憲法、政治與民眾的距離，妙語如珠，更成為從黨外到民進黨執政時期選舉造勢場合的靈魂人物、吸票機，民進黨人士表示，當年只要能夠邀請李鴻禧助講，現場一定爆滿，攤販更是擠得水洩不通。

獨創李氏演講風格

該人士還說，很多攤販或商家告訴他，以前要考上大學才能聽李教授講課，現在可以邊做生意邊上課，而且李教授都知道我們在想什麼！李鳳儀就說，李鴻禧認為民眾對憲政如政黨輪替等民主概念普遍不足，人民的覺醒與參與才能真正的民主化，在當時一黨獨大的情況，很難宣揚理念，因此，他認為只有戶外開講，站到選舉造勢場合助講，那裡人很多，有助於推廣民主與憲政理念。

這樣的單純想法，加上李鴻禧從小喜歡閱讀，收集各式各樣的俚語，用台語詮釋枯燥難懂的憲政議題，獨創的李氏演講風格，在台灣掀起李鴻禧旋風，他曾以「花瓶的水，放久不換會發臭。煎魚的時候，不幫魚翻身會焦掉」強調政黨輪替的重要性。

他舉例說，鄰居開麵店賺錢，隔壁開了另一家麵店，賣一碗麵加一顆蛋，兩家麵價格相同，但民眾可以多得到一顆蛋，獲利的是民眾，藉以強調政黨政治要有競爭才會進步。

四度生命交關　為彭明敏助選暈眩送醫

二〇〇〇年總統大選陳水扁當選，寫下政黨輪替的新頁，選舉過程中，李鴻禧賣力助講，自是功不可沒，但過程中，李鴻禧曾與死神擦身而過，李鳳儀談到李鴻禧四度性命交關的關鍵時刻，心仍微顫。據了解，第一次是李鴻禧從日本返國後擔任臺大法學院的教授，當時要幫法律系同仁爭取升等機會，會議中身體不適，立刻送臺大醫院急診。

第二次是前總統府資政彭明敏返國參加一九九六年總統選舉，在民進黨黨內初選期間，因彭明敏曾是李鴻禧在臺大念書時的導師，基於師生情誼，李鴻禧去幫忙，結果發生暈眩也是緊急送醫；第三次則是政黨輪替後，李鴻禧原本要到彰化鹿港演講，結果因身體不適，在新竹就診懷疑是蜂窩性組織炎，後來在醫師女兒的安排下到醫院急診，原本以為是青春痘，結果差點奪人命。

二〇〇九年李鴻禧在家裡發現心臟不舒服，趕快就近到慈濟醫院就診，疑似心肌梗塞轉診到臺大醫院就診，因及早發現與治療，讓李鴻禧重獲新生。

李鴻禧幫忙助講有「雙不原則」絕不拿演講費、從不參加勝選慶功宴，有一回他到台中助講，結果候選人的陣營把車馬費放在茶葉罐內，過了一陣子，李鳳儀打開茶葉罐發現內有現金，趕快送還，並告知不收錢，要對方必須把錢收回。

另外一次是候選人直接把支票寄給李家，因支票抬頭署名李鴻禧，李鴻禧只好邀對方見面，兩人直接到銀行把錢領出，並立即還給當事人。

陳水扁當選後，第一個想到邀李鴻禧擔任總統府資政遭拒，後來又想提名李鴻禧擔任司法院院長，也被李鴻禧拒絕，他堅持不入閣，李鴻禧認為他所做的一切是為台灣這塊土地，不是為了任何個人，他助講不收演講費、不參加慶功宴、不入閣的行事作風，也為政壇所樂道。

淡出政壇　唯一遺憾未制定台灣新憲

李鴻禧以畫布形容人生，他說，畫布的縱軸是時間，橫軸是空間，生命可以創造幸福的時間，約在二十五歲到六十五歲，短短的四十年，如何在有限的時間，開創無限幸福的空間，除了善用時間之外，就是將橫軸延長。

六十五歲後的李鴻禧要做自己，他把相關法學書籍全部捐出，所有的心思都放在旅遊、閱讀上，對文學、哲學、美術多所著墨，特別是對畫家梵谷與音樂家莫札特，可把有限的生命活出不朽的意義感到興趣。

這些年來，除了兒子李俊俋參選立委幫忙助選外，李鴻禧主動停掉電視台的評論節目，淡出政壇，不久前才剛自蒙古回台，李鴻禧拒當五府千歲，認為應該把機會給年輕人，而被學生問到是否有遺憾？李鴻禧說，唯一遺憾就是希望台灣制定新憲法一直沒有達成，讓他感到遺憾。

本文摘自《民報文化雜誌》第三期
（二〇一四年十一月一日出版）

立志興學 築夢成真的林忠勝

林光義

鄉下窮小孩，立志辦教育

教育事業是承先啟後負邦家寄託之重，繼往開來贊天地化育之功的百年大業。從事教育工作者不僅要才堪為經師，而且要德配為人師。誰也沒料到，一個打著赤腳參加初中入學考試的鄉下窮小孩，竟立志要做經師、人師，而且興辦學校作育英才。他就是築夢不懈、創造慧燈教育事業的林忠勝。

我和忠勝兄結緣近一甲子。一九五四年，我們三位來自壯圍鄉的國小畢業生，同時考上省立宜中初中部，被編在同一班；三年後續升高中，還是同班。一九六〇年又同時考上臺灣師範大學，林忠勝念歷史系，李正雄念物理系，我選教育系。畢業後又一起應聘回母校任教。

為通勤方便，忠勝兄和我在宜蘭市租屋「同居」。兩人共睡一床，我晚睡，他早起。每天凌晨三點多，我在睡夢中就聽到他在低聲背講稿，這養成了我無論在任何聲響下都能酣然照睡的本領。他上課從不帶課本，只帶一根粉筆，一上台就口若懸河滔滔不絕，風靡了所有學生，對於照本宣科的其他老師們造成極大的衝擊和挑戰；他在課前充分準備的敬業精神，則是教師們的最佳典範。

一九六九年，他應聘到中央研究院近史所擔任口述歷史的工作，奠定了他致力於名山之業的根柢，先後撰寫了具有儒將風骨的《齊世英訪問錄》、太陽旗下風滿台的《陳逸松回憶錄》、風雨延平出清流的《朱昭陽回憶錄》、心中有主常懷恩的《楊基銓回憶錄》，以及白手起家創辦福華飯店的《廖欽福回憶錄》，為台灣近代史留下了寶貴的紀錄；但也為這些嘔心瀝血的鉅著熬夜硬撐，而付出身體健康嚴重受損的慘痛代價。

忠勝兄熱衷教育的初志從未改變。有感於當時大學入學門檻太高，聯考的錄取率僅及二五％左右，遂於一九七一年邀李正雄和我共同創辦慧燈補習班，讓聯考失意的蘭陽子弟有捲土重來的機會。於是由李正雄草擬設立章程，我負責申辦手續，忠勝兄任設立人兼班主任，後來再邀請我們三人共同的老師周清惠加入，確立「四柱擎天」屹立不搖的基礎。

開課第一天，學生只有十二人，老師們都建議退費解散。但我們堅信只要讓他們全部考上大學，第二年就會有一百二十個學生。翌年聯考果然成績斐然，林銘川考上臺大醫學系，一炮而紅，第二年學生就真的超過一百二十人了。

果園變校園，慧燈照宜蘭

忠勝兄身兼數職，仍隔週回來宜蘭上一整天的課，中午邊吃便當邊開檢討會。多虧他從台北聘來許多名師，學生快速成長，五年後便能購屋擴充教室，增收國四重考班及職校升四技二專班；到了一九八〇年代中期，學生已逾兩千人。

一九八八年，雄才大略的忠勝兄又提出到溪南開班的計畫。於是在羅東鎮純精路覓得一塊建地，一九九〇年興建第一棟五層樓面積達九百坪的教學大樓，不到半年就被擠爆了。緊接著又在南側興建第二大樓，很快又填滿了各級學生。

忠勝兄一心想要創辦一所學校，此一目標若不達成誓不罷休。他是一個天生的領袖人才，堅毅果決，深具前瞻性的眼光和超強的魄力。他下指令，我去執行。一九八九年，終於在員山鄉枕山村買到一塊一點三公頃的果園。

當時購買農地須具備農民資格，所以先以家兄的名義登記；我則扮演農夫在果園裡修剪樹枝、剷除雜草，與相鄰的果農搏感情，然後展開「循循善誘」的看家本領，勸其讓售，耗了六年終於搞定六公頃的設校用地。旋即提出申請，展開建校工作，手續雖煩仍一一克服。一九九七年慧燈中學建校落成，正式招生。有人說：忠勝兄是超級投手，我是從不漏接的捕手。

忠勝兄常以日本明治維新時代的大師福澤諭吉的名言為座右銘：「要為國家培養大臣，不必自己擔任大臣。」他對慧燈中學立下的校訓是「榮譽、卓越、尊嚴」，並要求老師先教學生做人，再教讀書，確立辦學的正確方針。他並在校園樹立李登輝、李遠哲等二十二座名人手印，附上生平事蹟，期使學生潛移默化，達到見賢思齊之效。

如今慧燈已是一所擁有兩千五百名學生的完全中學，其中半數來自外縣市，足見辦學績優、聲名遠播。忠勝兄雖於二〇一一年離開我們，但他的卓越貢獻將永垂不朽。

本文摘自《民報文化雜誌》第一期

（二〇一四年七月一日出版）

張炎憲　行動公民史學家

吳慶年

嘉義市東南約二十公里有一個中埔鄉，輩出兩位具背景頗相似的著名學者；均臺大畢業後留日得博士，分別出任省文獻會主委及國史館長，主編不少台灣近代史上重要文獻檔案，貢獻鄉梓與後代學者。兩者年齡約差二十歲，年長者張柄楠是我的戰前嘉義中學同班好友，年輕者張炎憲是戰後嘉義高中的學弟。與炎憲之大哥炎明互為好友的柄楠，六〇年代邀我伴訪炎明之父在嘉市垂楊路的台電宿舍，傾聽炎明戰末從日軍的趣談，但在留念合照中未看過炎憲之出現。

跟炎憲逢面相識是一九八九年八月十九日，台灣首座二二八紀念碑在嘉義彌陀寺旁通往中埔的路邊八掌溪畔舉行落成典禮時。先出席西門長老教會之紀念禮拜後，大家徒步遊行至典禮現場途中經人介紹認識的。互述現職概況後，我說曾造訪他父宿舍時，他顯得半信半疑，嗣後續聊中得知彼此參加過解嚴前後以來之社運（教育改革、反核、二二八等）活動，到現場時完全釋懷親善如故。

一九九一年成立的台灣教授協會，炎憲和我都是創會會員，因屬不同組致交流不深。兩年後之深秋突接炎憲之電話說：想以二二八見證者身分採訪我，正訝異怎麼知我有關聯而躊躇時，他又說：你雖未透露過往祕辛，卻有旁證顯示你跟二二八有牽涉，在他不斷懇請之下，我答應受訪。感佩炎憲史眼銳利，方不得不約定日期。屆時他就帶中研院社科所高助理、長老教會王長老及其女南下，在成大物理系進行錄音訪問。該口述文幾經校稿後就在〈圍堵水上機場〉題下，登載於其口述歷史專書《嘉義北回二二八》（一九九四年二月，自立晚報出版部），這是他旨為重建台人抗爭精神史的早期重要作品，曾經洛陽紙貴。

英國高名歷史學者湯恩比在二戰後訪日的演講集《歷史的教訓》裡，提到幾個歷史發展的鐵則：人類要學取道理必經過「苦難」方可達成；研究當代史的學者尤須採取果敢「行動」，並應站在「民間」（非官方）觀點看問題，以免傳給世人錯誤的歷史。炎憲透過大部分是普羅大眾的二二八受難關係者，受訪者和採訪者曾超克種種苦難以挖掘事件之真相和教訓，且分秒必爭地廣覓機會而奔跑，否則如風前殘燭的關係者一閃就凋零。未料走出象牙塔倡導台灣獨立的公民行動史學家遠征海外，壯志未酬卻盡瘁於美國獨立起源的費城，令人血淚沸騰感到其早逝失之非「時」哉，或許他自覺如戰士倒於沙場，適得是「所」也？

與陳永興、李勝雄率先發起「二二八和平日促進會」，且自稱一流行動思想家的鄭南榕兄，如今正在那遙杳蒼穹迎接同為一九四七抗暴年生且同為「行動人」的炎憲，試想當行動的哲學和歷史遂行大擁抱時，會發出如何火花？此況恰如先登高台「月下獨酌」的浪漫派李白旁，多一位踏實派杜甫來交臂共飲時，必使兩詩人極樂融融吧！但望在雲漢上人不忘守護台民，為苦難島國爭取公義和平並肩戰鬥竟獲勝利！最後以拙詩〈獻給炎憲英靈前〉，祈冥福。

台抗暴年生，英魂所投胎。
獨立美城逝，遺願傳後輩。
巨輪推口史，卑末蒙訪採。
星火燎「中」陸，堅鬥邪必退。
殞石雖不撞，地可大震改。
落實自信相，笑睥島內外。
何其毋甘哉，壯士竟未回。
慟忱血沸滾，離情淚澎湃。

本文摘自《民報》網站

（二〇一四年十月十九日出版）

道地的台灣人之光李遠哲

林俊義

李遠哲教授將近八十歲了。他將生命前三十年的歲月奉獻給科學，造福人類；他把生命後三十年，奉獻給台灣，展現了知識分子意圖改造台灣的勇氣及行動。國人對他前三十年漫長的耕耘奮鬥史，知之尚多，但對他後三十年的付出曲折，知之尚少。

李教授正努力撰寫大家殷切期盼的回憶錄，希望早日付梓，讓國人瞭解做為第一位台灣人諾貝爾獎得主的科學家，如何在他專業努力耕耘之外，如何以一位台灣人的歷史觀，以一位科學家敏銳的觀察，及以一位知識分子的勇氣，道出國民黨統治台灣歧視台灣人及本土文化的不滿。並無忌諱地站在在野黨的立場，為人民說話。

被形容為中國人之光　李遠哲：很傷心

李遠哲教授在物理化學的成就榮獲一九八六年諾貝爾化學獎是道道地地的世界名人，受到全世界人的景仰。國民黨明明知道，李遠哲在台灣出生，從小學、初中、高中、大學、研究所都在台灣接受了完整的教育，但當他得獎時，所有媒體還是以「美華裔」、「華人」、「中國人」、「中國學者的光榮」、「中華民族的後裔」、「中華傳統文化薰陶的華人家庭的子弟」、「中華民族優秀的品質」、「中華民族文化偉大的潛力」、「中華民族為榮」等等一再強調李教授得獎是因為「得天獨厚」地受到「中華民族優秀品質文化偉大影響」的結果。簡言之，李教授的得獎是「中國人之光」，絕不是「台灣人之光」。

但當我在一九八六年專訪他時，他卻親口告訴我，「這樣的描述當然是很傷心的事。」「您得獎是『中國人之光』？『華人之光』？」我追問他，「但您反對被人說是『台灣人之光』嗎？」「我不在意被人說是『台灣人之光』或是『新竹中學之光』，我是可以認同自己是台灣人的。」李教授毫不遲疑地說。

國民黨發動所有的媒體就是要警告李遠哲教授，什麼都可以說，就是他是「台灣人」及得獎是「台灣人之光」這兩句話絕不能出口，讓台灣人知道。這種蠻橫的族群歧視及統治心態的洗腦方式，直至今天，仍存在在國民黨的政治文化中。國民黨課綱「微」調的目的，就是對台灣人洗腦教育的勾當。

感謝李教授毫無忌諱地說「我是台灣人，我得獎是台灣人之光」，讓台灣人重新拾回四十年來埋沒在獨裁統治下的信心。

反動勢力汙名化教改、歸咎李遠哲

二〇一五年初，我到中研院拜訪李教授，請他為我的回憶錄寫序。他不停地咳嗽，十分憔悴。談話中，他不時提到有一股攻擊勢力要把「教改」，「教授治校」汙名化並歸咎於他，並抱怨媒體都封殺他。我笑著說，「李教授，八〇年代以前，你就是國民黨政權的『拒絕往來戶』，國民黨就刻意在媒體上封殺你，營造你成為『不受歡迎的人物』。一九八六年你雖戴上了諾貝爾的桂冠，但我專訪您的文章出版前就被要求刪改；你回國時，國科會、中研院公然想盡辦法隔離你，阻擋你回國的意願。國科會的記者會二十分鐘後突然喊停，您知道嗎？」李教授點點頭，毫無激動的表情。「但你還是掀起了李遠哲旋風啊！」我說，「三十年了，他們還是不放過您，因為您是第一個得獎的台灣人啊！因為你說你是台灣人，得獎不是『中國人之光』。」他笑笑地對我說，「有罪嗎？」

當一九八六年台灣戒嚴令尚未正式公布前，李教授即直言批評「台灣的教育不好」，竟把國民黨引以為傲的經濟、科學、社會及文化的進步，說是「真的沒有覺得那麼進步」，還鼓勵「大學生應勇於批評」，「大學教授應『教授治校』」，最後期待台灣「進一步的民主化，步伐要快一點」。他以一貫溫和、平易、活潑的科學人真誠個性說，「師長給習題太多，誤人子弟」，「學習，照單全收，像垃圾桶」，「蹺課很好呀，多看三倍書」，「不要成為不當教育方式的犧牲品」，「對訓導處與課本所說的話都認為是對的，最腐敗的學生」，「不合理的事，就不能妥協」，「傳統，以批判眼光省察之」，「用自己更多的生命，向權威挑戰」，「大學生到立法院請願，並不是大不了的事」。李遠哲獲諾貝爾獎後在回台十天行程，每天的言行占據了半面媒體的版面，特別對學子們的衝擊尤深。他的一言一行賦予了當下台灣社會要求民主的正當性及合理性。

我個人認為李教授的言行種下了日後台灣學生運動及教授治校的濫觴。三十年後，我們知道，他對世界及台灣科學發展的貢獻毋庸置疑，但他不惜以諾貝爾的桂冠對台灣民主運動的扶助，誠令台灣人感動。我心理告訴自己：「遠哲兄，你藏在心中這麼久，等待了這麼久，您終於豁出去了，三十年後仍不改初衷！Bravo、Bravo！（真棒）」。

本文摘自《民報文化雜誌》第八期
（二〇一五年九月一日出版）

低調而專注　翁啟惠最愛做研究

嚴子離

今（二〇一四）年六月中研院院長翁啟惠飛到以色列領取沃爾夫化學獎，這個被稱為「諾貝爾獎的前哨」的大獎，不僅是第三位獲獎的中研院院士，更是第一位在台灣工作而獲獎的學者，很難想像這位出生在嘉義縣義竹鄉的科學家，其實三十一歲才出國攻讀博士，和一般學者畢業就遠赴國外攻讀學位晚很多年，因此他常被學界形容是「大器晚成」。

熟知翁啟惠的人都知道，平時說話慢條斯理、輕聲細語，做事前一定先思考過。其實獲獎過程還有一件不為人知的祕密，翁啟惠被以色列沃爾夫基金會通知獲獎後，竟然忍了三天才告訴同事，原因竟然只是「怕同事們是從媒體報導上才知道這件事」。

獲沃爾夫化學獎　忍了三天才告訴同事

中研院緊急宣布此事也非翁啟惠本意，是前中研院院長李遠哲得知後堅持要召開，才有這場有點倉促，得主本人臉上看不太出來喜悅的記者會。從這件事可以充分看出翁啟惠低調再低調的個性，如果不是擔任中研院院長一職，可能是一個不愛接受媒體採訪，但卻又得獎無數的出色科學家，每天埋首於自己最愛的研究工作。

談到翁啟惠直接聯想到是嘉義義竹人，這也不是他自己到處宣傳，而是同鄉好友、華山文創園區董事長王榮文逢人要介紹家鄉時，一定要把翁啟惠大名搬出來稱讚，才讓人留下深刻印象；另外華山文創園區的題字，如果不是王榮文提起這是翁啟惠的墨寶，可能連中研院副院長、知名歷史學家與書法家王汎森都不知道原來科學家的書法也寫得相當不錯。

翁啟惠個性就是如此「低調而專注」，他的學生說：「老師雖然忙於行政工作，研究始終是他的最愛，每天傍晚吃過飯後一定把電話關靜音，專心思考研究內容，每周更要花兩個半天時間和學生討論研究進度。」所以在公布獲得沃爾夫獎時，就像是一個得道高僧，臉上沒有輕易顯露太多喜悅，謙虛地認為這是台灣教育的功勞，而且感謝中研院讓院長也能繼續從事研究工作。

臺大醫科落榜　翁啟惠慶幸沒當醫生

說到翁啟惠所受的台灣教育，他常調侃自己：「大學畢業後進入中研院當助理員太醉心於研究，忘了攻讀學位。」結果碩士論文口試老師竟然是自己的大學同學。但更難想像，出身義竹名門翁家的翁啟惠小時候成績並不突出，比起會念書的哥哥們只是個愛玩的小弟，考上台南一中初中部時跌破家族一堆人的眼鏡。

考大學更是一波多折，因為高中成績出色，原本可以直接保送清華大學化學系，當時在家鄉認為考醫科才有出息，家人也希望他讀醫科，因而放棄保送資格，參加大學聯考，就是這麼巧，沒考上第一志願臺大醫學系，只好進入第二志願臺大農化系就讀，就這樣誤打誤撞找到自己最愛的科學研究工作，翁啟惠也多次說過：「幸好我沒有當醫生，因為我的個性可能不是一個好醫生，但如果一個人埋首於研究，做得還可以。」

醉心研究也不是全然毫無收穫，在中研院八年時間發表三十五篇論文，藉此申請到麻省理工學院，這也是MIT招收來自台灣的博士生中，第一位獲得全額獎學金的化學博士生，更在短短三年內拿到博士學位。當時的指導教授懷特賽茲每星期都丟給翁啟惠一張小紙條，裡頭有研究相關的內容，不敢多想的翁啟惠直接拿著小紙條上的重點開始進行研究，慢慢的把這些內容變成研究論文，就這樣在短短三年內累積二十篇國際水準的論文，是一般博士生的七倍之多，順理成章拿到博士學位。

若留美專心研究　可能早獲諾貝爾獎

談起翁啟惠絕對不能不提「一鍋式酵素反應」與「自動化一鍋式多醣合成法」，「一鍋式酵素反應」目前還是唯一能大量合成寡醣最有效的方法，這也是過去科學家鮮少鑽研的題目。當時翁啟惠人在美國斯克里普斯研究所，日本因為想積極發展醣類技術，積極要網羅翁啟惠，沒想到被李遠哲捷足先登，講了一句「與其幫日本人做事，為什麼不幫台灣人做點事？」就這樣回到熟悉的故鄉台灣與開啟人生研究之路的中研院。

台灣學界多年來都認為翁啟惠是目前台灣最有潛力拿下諾貝爾獎的科學家，也有人為他抱屈，如果仍在美國專心研究，不回台灣擔任中研院院長，早就拿到諾貝爾獎，因為從過去得主身分來分析，諾貝爾獎不喜歡頒給有行政職務的科學家。

但就像前國科會主委朱敬一曾撰文稱讚：「台灣因為有了翁啟惠和李遠哲對生技產業這樣鍥而不捨的推手，沒有培養自己的班底，讓我都感受到壓力更遑論他人。」低調專心地做自己認為對台灣最有益的事，這就是翁啟惠。

本文摘自《民報文化雜誌》第三期
（二〇一四年十一月一日出版）

輯二

文學篇

當代台灣文學的奠基者吳濁流

林衡哲

吳濁流是台灣近代文學史上，一位非常重要的承先啟後的人物，他也是日治時代台灣文學與戰後台灣文學的一座橋梁，雖然他沒有像賴和與楊逵那樣親自投身於民族運動的最前線，做一名勇猛的民族鬥士，但是他站在自己的工作崗位上，成為台灣文學史上最有力的歷史見證人，同時也成為四百年來有良知的台灣知識分子的代表性人物，他曾說過：「拍馬屁不是文學」，他這句話業已成為台灣文學史上的一句名言。

吳濁流不但把日治時代最重要的一本文藝刊物：《臺灣文藝》，在戰後復活（更名為《台灣文藝》）；同時他也是戰後第一位創設私人文學獎的人，他把一生所有的心血與財富都奉獻於台灣文學的播種上，在維繫台灣文學的香火與命脈上，在日治時代貢獻最大的，大概是有「台灣近代文學之父」之稱的賴和，在國民黨統治時代貢獻最大的無疑便是吳濁流先生。

冒生命危險　創作了三部長篇小說

吳濁流自傳性的三部曲：《亞細亞的孤兒》、《無花果》和《台灣連翹》，無一不是冒生命危險才創作出來的，日治時代的禁書：《亞細亞的孤兒》，道出了日本統治下，六百萬台灣人民的控訴，也象徵著台灣民族在異族統治下的悲慘命運，這部小說的主角胡太明也許是吳濁流的化身，他把一生的心血與財富都奉獻於台灣文學的播種上，但何嘗不是整個台灣智識分子的寫照。

最難能可貴的是，他明知這部小說在日本人統治下，絕不可能有付梓的一天。他不屈服於生活的煎熬，始終相信生為作家的使命，相信自己的作品對台灣人有所貢獻，這種毅力與精神，值得我們後輩頌揚與效法，此書完成於一九四五年，一直到戰後才順利付梓。吳濁流的《亞細亞的孤兒》猶如尤金蘇所寫的《流浪的猶太人》，可以是探討台灣人的認同和台灣民族意識的典範著作。

吳濁流在一九六七年告訴鍾肇政說他準備寫二二八事件，鍾肇政聽了不由地大驚失色，在鍾肇政心目中認為：「此時此地，可寫的事多矣，唯獨二二八是禁忌中的禁忌，誰敢去碰這件事：我們這一輩人親身經歷過的那一場驚天動地的浩劫！」當〈無花果〉在一九六八年分三期在《台灣文藝》（第十九～二十一期）連載時，居然風平浪靜沒有被查禁，但當吳濁流出資請林白出版社代為印行單行本時，在一九七〇年十月十日，立即遭警總查禁，此書一受查禁，反而聲名大噪，很多人買不到這本書，只知道這是一本唯一寫出二二八事件的「好書」而爭相傳告。

吳濁流最後遺著《台灣連翹》，從一九七一年九月寫到一九七四年十二月十九日才完成，這本書是《無花果》的姊妹之作，《無花果》只寫到一九四七年的事，而《台灣連翹》寫到一九五〇年，包括白色恐怖的描寫，以及戰後自中國回來的台灣「半山」人物，因為此書牽涉太多還活躍的政治人物，吳濁流留下遺言，此書必須等待死後十年，才能公諸於世，一九八五年鍾肇政仍不忘承諾，在吳老逝世十週年時譯完全稿，一九八八年由美國台灣出版社出版。

吳濁流的生平

吳濁流出生於一九〇〇年六月二日，本名吳建田，故鄉是新竹縣新埔鄉人，他一九一〇年才進入「新埔公學校」就讀六年，一九一六年考上最高學府的總督府國語學校，一九一九年改名為「臺北師範學校」。一九二〇年他師範畢業。畢業後他被分發回故鄉教書，先後任教於照門、四湖、五湖、關西和馬武督等國小或分校教書，一九二一年他因一篇〈論學校教育與自治〉，成為日治當局的眼中釘，而被下放到極偏僻的「四湖」教書。

一九四〇年在新埔舉行新竹郡運動大會時，發生日本督學公然凌辱台籍教員之事件，吳濁流憤而辭職，結束二十一年的教學生涯。一九四一年一月十二日他去中國追求祖國夢，進入南京日本人辦的《大陸新聞》擔任記者，在此碰到不少學有專長又有世界觀的日本同事，但是南京灰色氣氛比台北更加濃厚，十五個月後跟史明一樣，他們的祖國夢都破滅了，才發現台灣才是自己的祖國，返台後進入《臺灣日日新報》，並開始寫「南京雜感」。

戰後他轉任《臺灣新報》和《新生報》，後因《新生報》日文版停刊，而加入林茂生主持的《民報》任編輯，一九四七年發生二二八事件，《民報》因一篇社論而被查封，而社長林茂生也失蹤了，這年四月他不得不脫離七年的記者生涯。

賦閒在家時，他完成並出版《黎明前的台灣》，此書被大同公司的林梃生所賞識，而邀請他在一九四八年三月，就任大同工業職業學校訓導主任，並教公民和歷史兩科。一年之後，林董事長把他調到「機器工業同業公會」任專員，在此十七年直到一九六五年退休。一九六四年四月他創辦了《台灣文藝》雜誌，目的在提供台灣愛好文學青年耕耘的園地，結果培養了許多台灣新一代的文學作家，如陳映真、黃春明、王禎和、王拓、楊青矗等人。一九六九年把十萬退休金捐出設立「吳濁流文學獎」，成為台灣文壇著名獎項，一九七六年十月七日辦完《台灣文藝》五十三期之後才辭世，享年七十七歲。

本文摘自《民報文化雜誌》第八期

（二〇一五年九月一日出版）

巫永福的文學長路

彭瑞金

巫永福，一九一三年出生於南投埔里。巫家為埔里的知名家族。他在日治時期有一首詩〈大埔城的呼喚〉說，那是他曾祖父母以來的先祖以血汗開墾出來的家園。巫家從巫永福那一代都往外地去發展，大埔城是他們日後繫念不已的鄉愁。巫永福十七歲就從台中一中轉學到日本名古屋念中學，後來進入明治大學文藝科就讀，是日治時代的新文學作家中並不多見的專政「文藝專科」的畢業生。

日本文壇的薰陶

一九三〇年代初的明治大學文藝科，可以說聚集了日本文壇的俊彥，在此任教。巫永福在學時，有小說家山本有三、里見敦、橫光利一，劇作家案甲國士、豐島與志雄，詩人室生犀生、荻原塑太郎，評論家小林秀雄、谷川徽三，露西亞（Russia）文學專家來川正夫，法蘭西（France）文學專家辰野隆，德意志文學專家茅野簫簫，和歌土屋文明等名家的薰陶。

巫永福接受的是日治時代台灣作家中罕有的正規又完整的文學教育。也因此，一九三二年，東京的台灣留學生蘇維熊、張文環、王白淵、施學習、吳坤煌、劉捷等人，籌組「臺灣藝術研究會」時，年僅二十歲的巫永福即扮演了極為重要的角色。臺灣藝術研究會成立的第二年，便創辦了《福爾摩沙》雜誌。

在決定《福爾摩沙》的雜誌定位時，巫永福堅持走有合法依據的非政治、溫和、文藝派，最後獲得大家的支持，取代了主張走左傾路線的社會主義派。巫永福在回憶中說，他在轉學進入名古屋五中後的第二年暑假，因父親腳傷返回埔里探望，也趁隙拜訪了同學花崗二郎，那年的十月二十七日就發生了霧社事件，多少影響他的文學思考。他發現此時的日本已逐漸邁向軍國主義時代，藝術研究會成立之際，即常有人來問東問西，有人被約談，為免被指涉及政治而遭學校退學，他主張雜誌走「純文藝路線」。

從福爾摩沙到台灣文藝

《福爾摩沙》是巫永福文學的出發，他在上面發表有小說〈首與體〉、〈黑龍〉，詩作〈乞食、他〉等及劇本〈紅綠賊〉，不僅展現他全面的文學人特色，也奠定了他投入文學運動的性格。《福爾摩沙》僅出版三期，即因響應島內的「臺灣文藝聯盟」，將發行機關誌——《臺灣文藝》而決定停刊，並加入聯盟，成立「東京支部」。

一九三五年，巫永福於明治大學畢業後，因父親病逝，回台協助不識字的母親處理家產及債務，住在台中，應徵台灣新聞社社會部記者，而加入了張深切、張星建等人主導的臺灣文藝聯盟，在《臺灣文藝》展開他第二回合的文學創作。《臺灣文藝》存在的一九三五年至一九三六年，巫永福發表了他一生的大部分小說作品，也有一些詩作。他在日治時期的文學活動，大致上是從一九四一年，在張文環等創辦的《臺灣文學》上發表的〈慾〉這篇小說之後，即進入歇筆狀態。他主要是活躍在新聞界及金融界，但仍然和文學界保持密切關係。

戰爭時期，巫永福即加入陳炘創辦的大東信託公司，戰後轉任大公企業。從他的全集看來，這期間他雖然繼續寫詩，但並未參加文學社團及活動，跨到另一個領域奮鬥。一九五〇年，台灣實施地方自治選舉，巫永福出任台中市長楊基先的機要。其後，歷任中國文學製藥公司副經理、總經理，遠東產物保險公司籌備處、新光產物保險公司副總經理，迄退休。他在企業經營方面，另有一片天地。

文學運動家典範

一九六七年，他加入《笠》詩社為同仁，開啟了他的戰後文學始頁，他把文學的重心轉向在詩創作，也開始把一些日文詩作翻譯成中文發表。不久，他又與吳建堂創辦《台北歌壇》，投入俳句創作。開始中文詩創作後，巫永福展現了他非常旺盛的創作力。尤其是一九八四年，他從職場退休後，開始寫評論及文學回憶後，更展現他驚人的記憶力以文學創作能量，好像要把那「中空」的三十年一起補回來。一九九六年，《巫永福全集》出版時，計有：中文詩卷五、小說卷二、評論卷三，日本短歌卷二、俳句卷一、日文詩一、日文小說一，凡十五卷。一九九九年，再出續集：短句俳句卷一、詩卷一、文集卷一、文學會議卷一，凡四卷。二〇〇三年，全集再出續集：詩卷一、台語短句卷一、台語俳句卷一、俳句卷一、文集卷一，凡五卷。全集凡二十四卷。羅列這些，主要是說明，巫永福在戰後文學「史」雖然不長，產量卻非常驚人，戰後作品佔他的作品比例，充分顯示此項特質。戰前、戰後除了明顯由小說轉向詩與俳句之外，他也跟得上時代，加入母語詩的創作。他雖然謙稱沒有學會中文表達，但從他以中文寫的評論和文學回憶，看見的中文駕馭能力，已經完全駕輕就熟。全集顯示，他近九十歲時仍勤奮創作。

一九七七年，吳濁流去世，巫永福繼任為《台灣文藝》的發行人，慨然挑起戰後台灣文學傳薪的重擔。一九七九年，他宣布成立「巫永福文學評論獎」，自一九八〇年開始頒贈。一九九三年，更由其獨生女巫宜惠出資成立「台北市巫永福文化基金會」。有感於評論獎有文學評論與文化評論界線的紛擾，基金會乃決定自一九九四年起，改設巫永福文學三獎，每年頒贈文學獎（創作獎）、文學評論獎及文化評論獎各一名。巫永福評論獎至今仍是國內唯一持續辦理達三十五年的文學評論獎。

巫永福於二〇〇八年九月十日，以九十六歲高齡去世，除了留下精心創作成為台灣文學珍貴的資產之外，最可貴的還是他為了推展，發展台灣文學所呈現的文學運動家典範，巫氏三獎為台灣文學之可長可久奠基。

本文摘自《民報文化雜誌》第十六期
（二〇一七年一月一日出版）

南投才子張深切

林衡哲

張深切是日治時期第一位寫出精彩自傳《里程碑》（黑色的太陽）的台灣作家，一九三四年五月六日他結合了八十多位台灣作家，在台中成立「臺灣文藝聯盟」，他被選為委員長，並先後出版十五期日治時代水準最高的《臺灣文藝》，他也是第一位，為「台獨主張」而被日治當局逮捕入獄兩年的台灣作家。王白淵和張深切都是王井泉經營的「山水亭」常客，他們三人可以說是台灣文化界的莫逆之交。

南投草屯子弟

張深切於一九〇四年八月十九日出生於南投草屯。他是作家、哲學家、雜誌主編、電影編劇和導演，以及社會與文學的運動家，「台灣人當家做主」的理想，是他一生的信念，不管是日治時代或蔣家政權，他都嚴格管控，終其一生他都是失去自由的台灣人。

一九一三年入草鞋墩公學校，五年級時因說台灣話，被毆打並逐出校門。因為林獻堂是他養父張玉書的好友，一九一七年張深切十三歲時，林獻堂帶他到日本讀書，他先後讀過礫川小學校、豐山中學、青山中學等。一九二二年他插班到基督教學校「青山書院」三年級。

十九歲時（一九二三年）張深切到中國上海商務印書館附設「國語師範學校」就讀，同時開始他最專長的組織長才首先在一九二三年與台灣留學生許乃昌、蔡惠如等創立「上海臺灣青年會」；一九二四年又與流浪上海的謝雪紅與蔡孝乾共創「台灣自治協會」，以追求台灣民主自治為目的。一九二七年考上廣州中山大學法政系，成為魯迅的及門弟子（魯迅時任文學系主任兼教務主任），他在魯迅指導和幫助下，開始成為文藝青年，並與留學廣州的台灣同學張月澄、郭德欽、林文騰、李友邦等組織「台灣革命青年團」和「廣東台灣學生聯合會」，並發行機關刊物：《台灣先鋒》，一九二七年二月十五日由張月澄帶領下，參觀黃埔陸軍軍官學校的活動，校方送他們一幅「聯合組織、奮鬥前進」匾給他們存念。

領導學潮遭捕入獄

張深切為了替「台灣革命青年團」返台募款，並因返台領導台中一中罷課學潮，而在一九二七年八月被日治當局所捕，結果判刑二年，直到一九三〇年才出獄。

因此他可以說是第一位因為「台灣獨立革命」和領導學潮而入獄的台灣青年。出獄後，他由政治革命路線，轉投入他一向喜愛的演劇活動，於是在一九三〇年八月，張深切組織「台灣演劇研究會」，但因描述過多日治時代社會黑暗面，被迫停演；因此一九三二年前往上海租界養精蓄銳；一九三三年他又返台，擔任《東亞新報》的編輯。在張深切的自傳《里程碑》中，他說一生無私奉獻的蔣渭水，做了兩件影響台灣歷史的大事：（一）成立「臺灣文化協會」；（二）創立「臺灣民眾黨」。而張深切也做了一件影響台灣文化史的大事，一九三四年五月六日他號召八十多位台灣作家，齊集台中，成立了「臺灣文藝聯盟」，本來推舉賴和做委員長，後因賴和行醫太忙而推辭，才眾望所歸地推舉，出力最多的張深切做委員長，張深切主編了十五期，是日治時期水準最高的文學刊物：

《臺灣文藝》，直到一九三六年八月才停止發行，而聯盟本身的活動也趨於消滅。

《臺灣文藝》停刊不久，一九三八年他到東北謀發展，一九三九年他終於在北平找到教職，擔任「北平藝術專科學校」專任教授兼訓育主任。這時他又開始主編：《中國文藝》共十二期，此雜誌雖由日本人出資，在張深切主編下卻成為沒有任何政治色彩的綜合性文藝雜誌，每期都有周作人與張我軍的特約文章；一九四五年四月，張深切被密告為抗日分子，曾遭日軍一四二〇部隊，三谷支隊逮捕，險遭不測，幸得貴人相助才得以脫險。他接著又轉任「新民印書館」。二次戰後一九四六年他才回到久別的故鄉台灣，透過洪炎秋校長的幫忙，他榮任臺中師範教務主任。可惜一九四七年二二八事件時，他被誣指協助謝雪紅推翻國民黨政府，於是他開始逃亡生涯，躲在親戚家南投中寮山，在藏匿時期，他完成了二部著作：《我與我的思想》和《在廣東發動的台灣革命運動史略》，一年以後他才獲得平反。

《邱罔舍》最佳故事金馬獎

在日治時期，他是日本特高的眼中釘，戰後在蔣介石的戒嚴統治下，加上二二八事件，他好不容易撿回一條老命，他再也不敢從事任何政治活動，便全心投入他本來就熱愛的影劇事業，一九五六年，他邀請郭頂順、陳逸松、劉啟光、何永等人，共同組成了「藝林電影公司」，由陳逸松任董事長、張深切任常務董事。可惜這家電影公司，只拍出一部張深切親自寫劇本的一部幽默喜劇：《邱罔舍》。《邱罔舍》劇本曾獲第一屆最佳故事金馬獎，但是這部電影叫好不叫座，而且張深切也不善經營理財，不久就關門大吉。

宜蘭才子陳逸松不輕易讚美他人，但他說：「張深切是一個有世界觀、宇宙觀的人，他信仰老子哲學境界很高，在台灣研究哲學的人當中我最敬佩他，他有原則有信念。他寫的《孔子哲學評論》是一本很有分量的書，這本書曾跟隨我多年。同時他與莊性、張星建共同創辦中央書局，對台中文化界頗有貢獻。」可惜《孔子哲學評論》一出版，就被國府警總查禁，到李登輝時代才解禁。

一九六一年他出版了日治時代作家中的第一本自傳共四冊：書名叫《里程碑》，文名《黑色的太陽》，可惜他寫到一九四五年日本投降，人生的最後十六年並沒有寫進去。他創作此書的目的是要讓後代子孫知道日治時代日本人如何統治台灣人的歷史實況，以便後代子孫吸取教訓。晚年張深切在台中市開設一家純吃茶的「古典」咖啡沙龍。一九六五年十一月八日，他在苦悶的心情中死於肺癌，享年六十二歲，一代台灣人的文明評論家張深切終於安息於他熱愛的土地台中市。

十二巨冊《張深切全集》

張深切總共留下大約一百五十萬字的作品，刻繪了他一生的理想與思想、愛以及血淚的人生。他的一生見證兩個世代三個國度，他的作品象徵台灣作家始終為理想而奮鬥，永遠不被擊倒的風格。他去世三十三年之後的一九九八年元月，文經出版社出版十二巨冊的《張深切全集》，同年十一月在南投縣史館樹立了一座張深切塑像。一九九九年頑石劇團在東海大學演出舞台劇：《台中新劇里程碑張深切》；二〇一四年四月台灣青年劇團在台中中山堂演出舞台劇：《深切的火花——演劇先驅張深切》。在十二巨冊全集中，前面四冊包括他的精彩的自傳：《里程碑》又名《黑色的太陽》，《我與我的思想》以及《在廣東發動的台灣革命運動史略加上獄中記》。第五冊是他博大精深的孔子哲學評論。第六冊是他博學多聞的巨著：談日本說中國。第七到第十冊都是他的劇本：包括《邱罔舍》、《遍地紅》、《婚變》、《生死鬥》，《再世姻緣》以及《人間與地獄》等；第十一冊是《北京日記・書信・雜錄》；第十二冊是《張深切與他的時代（影集）》，收集他的一生的活動照片和座談會中的談話紀錄。

張深切和蔣渭水以及王井泉，是日治時期三位推動台灣文藝復興運動的健將，蔣渭水的臺灣文化協會、張深切的臺灣文藝聯盟和王井泉的山水亭，都曾經掀起了台灣文化史上小規模文藝復興的時代浪潮，完成了階段性文化啟蒙的使命。張深切雖然是魯迅的學生，並且與其一度過從甚密，本質上他是中間偏右的台灣民族主義者，與楊逵中間偏左的台灣社會主義者，確有不同之處，但是愛台灣之心，兩者並無分別。他是永不妥協的理想主義者，他的去世引發眾文友的深深懷念，洪炎秋稱他：富貴不能淫，貧賤不能移，威武不能屈，以致終身潦倒，一世坎坷，這就是正氣的最好表現。徐復觀說：希臘文化是自由人的階級創造出來的，在亡友張深切身上，彷彿我看到了一個自由人的形象。陳逸松說：張深切和陳忻先生是代表台中所謂文化城的思想人物，他也是一位有深度的文明批評家。王詩琅說：在日治時期張深切曾創造了台灣新文學運動高潮時代，建立了一個重要階段，寫下輝煌的一頁，其功業更是值得大書特書的。總之，張深切是台灣人有良心的智識分子的典範，他是台灣文化史上的不朽人物，他的自傳：《里程碑》值得被拍成電影，讓台灣人的一代豪傑的形象永留人間。

（林衡哲完稿於淡水海揚社區二〇一六年十二月五日）

本文摘自《民報文化雜誌》第十六期
（二〇一七年一月一日出版）

台灣第一位女詩人　陳秀喜

莫渝

陳秀喜（一九二一～一九九一）女士，一九二一年十二月十五日出生，新竹市人。陳秀喜出生滿月不數日由陳家領養，雖然身為養女，卻受養父母的無悔照顧與付出，童年非常快樂，順利完成新竹女子公學校的日治時期初級教育。一九四二年結婚，隨任職銀行的夫婿曾旅居上海、杭州等地。一九四五年戰後，徙居台灣彰化、基隆、台北。

少女時代即展露藝文才華

就讀公學校，少女陳秀喜即展露藝文才華，十五歲用日文寫俳句、短歌和詩，這項書寫能力一直持續，二戰結束後，台灣改變了語言文字的使用，她仍保留日語的思維與習慣。一九六七年，參加用日文書寫的「台北短歌會」與「俳句社」，同年開始用中文寫作並在《笠》和《葡萄園》詩刊發表，一九六八年加入「笠」詩社，一九七一年起擔任「笠」詩社社長，直到一九九一年二月二十五日過世。一九八七年臺灣筆會創立時，為成員之一。

生前，結集出版日文短歌集《斗室》（一九七〇年），中文詩集《覆葉》（一九七一年）、《樹的哀樂》（一九七四年）、《灶》（一九八一年）、《嶺頂靜觀》（一九八六年），詩文合集《玉蘭花》（一九八九年）等。一九九七年五月，由李魁賢主編，新竹市立文化中心出版《陳秀喜全集》十冊。

七〇年代活躍新詩壇　晚輩暱稱姑媽

一九七〇年代是台灣青年詩社崛起的年代，陳秀喜在一九七一年出版第一部中文詩集後，活躍新詩壇，深受青年朋友愛戴與親切交往，被晚輩暱稱「姑媽」。另有「台灣傳統社會中的奇女子」、「台灣奇女子」、「台灣第一位女詩人」以及「台灣女性主義詩人的先驅」之譽。

一九七八年起，陳秀喜長住嘉義關仔嶺明清別墅，勒石取名「笠園」，親身耕讀，接待文友，是一處拜訪朝聖的藝文地。往後，文友提及《笠》詩刊，必然連帶回憶陳秀喜社長的歡欣景象與生活點滴。

陳秀喜過世後，家屬設立「陳秀喜詩獎」，從一九九二年起，於每年母親節頒獎，至二〇〇一年止，共十屆。鼓勵過杜潘芳格、利玉芳、江文瑜、張芳慈、江自得、詹澈等後輩詩人。

陳秀喜：詩人是真善美的求道者

笠同仁第一部選集《美麗島詩集》（一九七九年）內，收錄陳秀喜的詩觀：「一首詩完成的過程，是感觸、感動的餘韻帶進思考讓它醱酵。思考是集中精神在語言鍵盤上彈出聲音。詩人不願盲目活著。眼睛亮著重視過去，腳卻向前邁進。意識歷史、時代、甚至國際、人類。以關心執著於自覺的極點，負著時代的使命感，以喜怒哀樂的沉澱物來比較和判斷事物。詩人是真善美的求道者。在現實生活中，站在自己的位置，詩人的責任非常重大。」（頁二二四）。筆者在〈真善美的求道者〉乙文解讀陳秀喜的詩與內涵有四個主題：母愛與親情的慈藹光輝、青春戀情追求的表白、掙脫父權的先進女權主義護衛者、鄉土情與國族愛。一九七九年十二月十日發生「高雄美麗島事件」，連帶波及《美麗島詩集》社長與幾位主事者，遭約談，事後不了了之。只因「美麗島」一詞撞傷執政者的神經與心魔。

陳秀喜擔任笠詩社社長二十年（一九七一～一九九一），是《笠》詩刊茁壯與活躍期，也是台灣意識與民主及社會運動的蓬勃期。一九七七年的鄉土文學論戰發生，陳秀喜於一九七三年寫的〈台灣〉一詩，經關心台灣文學的德語教授梁景峰改編歌詞，標題更換為〈美麗島〉，李雙澤作曲，民歌手胡德夫等人演唱，風靡校園，傳唱全島，卻遭戒嚴時期的中國國民黨政府發佈禁唱令，長達八年。

〈美麗島〉歌詞脫胎自〈台灣〉乙詩，兩者文詞語句貼切台灣，筆觸溫和委婉，表露台灣人的心聲。對照被查禁的壓抑，更顯露執政當局的邪惡與偽善。底下為〈台灣〉原詩：

形如搖籃的華麗島
是 母親的另一個
永恆的懷抱
傲骨的祖先們
正視著我們的腳步
搖籃曲的歌詞是
他們再三的叮嚀
稻 草
榕 樹
香 蕉
玉蘭花
飄逸著吸不盡的奶香
海峽的波浪衝來多高
颱風旋來多強烈

切勿忘記誠懇的叮嚀
只要我們腳步整齊
搖籃是堅固的
搖籃是永恆的
誰不愛戀母親留給我們的搖籃（一九七三）

〈灶〉，陳秀喜鄉土愛的代表作：

百年以後
大家都使用瓦斯
人們只知道工業用的煙囪
不知道曾有泥土造的灶
灶的肚中
被塞進堅硬的薪木
灶忍受燃燒的苦悶
耐住裂傷的痛苦
灶的悲哀

沒人知曉
人們只是知道
詩句中的炊煙

嬡娜美麗——（一九七六）

「灶」或「灶腳」，是傳統社會裡婦女的主要活動場域之一。陳秀喜站在與農村婦女息息相關的灶腳的立場，既點明「灶」的存在，也表達婦女一生的勞動心聲——忍受燃燒的苦悶，耐住裂傷的痛苦。這首濃烈草根且消失物的詩，堪稱陳秀喜鄉土愛的代表作。

在統獨意識並未壁壘分明的年代，在女性詩人與台灣詩人之間，陳秀喜作了恰當的調適；她以女性潤滑劑活躍著，溫柔仁愛的詩風，及長輩風範，贏得詩壇共同的愛戴。讀她的詩飽含關愛與充滿希望，她的詩愛與風範一直在島嶼傳唱著。

本文摘自《民報文化雜誌》第八期
（二〇一五年九月一日出版）

永遠的現實抵抗者　詩人陳千武

鄭炯明

生平及其文學歷程

陳千武先生（一九二二～二〇一二），本名陳武雄，另有筆名桓夫。出生於南投縣名間鄉，一九三八年遷居台中豐原。日治時期臺中一中畢業。一九四三年四月，為日軍徵調赴南洋作戰四年餘；戰後返鄉，任職於林務局、台中市政府、台中市立文化中心主任與文英館館長。曾任臺灣筆會理事長、台灣省兒童文學協會理事長，一九八七年退休。

陳千武的處女詩作〈夏夜的一刻〉，一九三九年八月二十七日，發表於黃得時主編的《臺灣新民報》學藝欄，開始他的詩創作。戰後，陳千武為學習中文，手抄《少年維特的煩惱》翻譯本。一九五八年，開始發表中文詩於《公論報》藍星詩頁、《現代詩》、《南北笛》、《中國勞工》、《工人報》、《人間世》、《臺大青年》、《現代文學》、《野風》、《民聲副刊》……報刊雜誌，更與杜國清以書信交換經驗，加強了中文表達能力。一九六三年第一本中文詩集《密林詩抄》。

然而，真正開始陳千武的詩創作歷程，是在一九六四年四月，與吳瀛濤、詹冰、亨泰、錦連、趙天儀、白萩、杜國清等發起成立「笠詩社」，並於六月出版《笠》創刊號。《笠》詩刊與吳濁流創辦的《台灣文藝》同為台灣文學史上重要的文學雜誌，在台灣文學被壓抑、蔑視的年代，它們的存在具有重大的意義。

陳千武在《笠》創刊後，負責詩社的經理部，也擔任過主編，他一方面創作，一方面積極翻譯日本的現代詩作品與理論，充實了《笠》的內容和詩的推廣活動。一九六九年出版第二本詩集《不眠的眼》及譯詩集《日本現代詩選》，確立了他在台灣現代詩壇的地位。

在長達七十七年的創作（一九三九～二〇〇二）生涯中，陳千武出版了《徬徨的草笛》、《花的詩集》、《若櫻》、《密林詩抄》、《不眠的眼》、《野鹿》、《剖伊詩稿》、《媽祖的纏足》、《安全島》、《寫詩有什麼用》、《拾翠逸詩文集》、《暗幕的形象》、《陳千武詩全集》十二冊……等多種，是跨越語文一代的代表詩人之一。

詩的特色與精神

陳千武曾說：「詩是一種抵抗」、「感受這種（現實）醜陋的壓力，而自覺某些反逆的精神，意圖拯救善良的意志與美，我就想寫詩」。基於這樣的創作理念，陳千武留下了許多珍貴的作品。阮美慧教授認為陳千武的文學有三種特色與精神：（一）殖民經驗的苦悶與哀愁；（二）現實體制的思與批判；（三）自生命的關照與省察（見〈其人雖已歿，千載有於情——論述陳千武先生詩文學的歷程及其精神〉）。

試看下列的詩句：

在母親的腹中；
我底歷史早已開始蠕動
來自柔如山羊的眼睛
暖如深谷的
賦予泥土的命運
綁在網中
掙扎於斷臍的痛苦
我底歷史早已開始蠕動
哦，在母親的腹中

——摘自〈在母親的腹中〉

下顎骨接觸上顎骨，就離開。——不停地反覆著這種似乎優雅的動作的他。喜歡吃

臭豆腐，自誇賦有銳利的味覺和敏捷的
咀嚼運動的他。
坐吃了五千年歷史和逆產的精華。
坐吃了世界所有的動物，猶覺饕然的他。
在近代史上
竟吃起自己的散漫來了。

埋設在南洋
我底死我忘記帶回來
那裡有椰子樹繁茂的島嶼
……
使我仍未死去
因為我底早先隱藏在密林的一隅
一直到不義的軍閥投降
我回到了，祖國
我才想起

——摘自〈咀嚼〉

我底死，我忘記帶了回來
埋設在南洋島嶼的那唯一的我底死啊
我想總有一天，一定會像信鴿那樣
帶回一些南方的消息飛來——

——摘自〈信鴿〉

亞洲詩人會議與國際交流

一九八〇年十月，陳千武參加「東京國際詩人會議」，與詩人金光林（韓）、高橋喜久晴（日）討論出版「亞洲現代詩集」，由三國輪流主編。第一集於一九八一年十一月，由日本高橋喜久晴負責編譯。一九八二年元月在台北召開「中日韓現代詩人會議」，之後，於日本、韓國、台灣三地輪流舉辦「亞洲詩人會議」。台灣曾負責編選第二集（一九八二）與第五集（一九九〇）《亞洲現代詩集》。在促進亞洲詩人的交流活動，陳千武付出的心力最多，也提昇了台灣現代詩的國際地位。

結語

一個曾經歷過被殖民、戰爭與專制統治，以致於「我底死，我忘記帶了回來」的詩人，在〈屋頂下〉這樣寫著：「我們相信／是屋頂／使我們一再地痛苦／曾經有一次，我們更換了屋頂／可是屋頂還是同樣的屋頂／不夠溫暖／漏得更多／我們的惰性更為增強／到底還不是一樣的屋頂」。透露詩人的苦悶和抵抗，而喊出「要容忍下去嗎／在媽祖廟的屋頂下／避雨的人喲」。

陳千武是這樣一位充滿歷史意識和現實精神的詩人。另外，他以參加南太平洋戰爭經驗所寫的《獵女犯》短篇小說集，是難得的歷史見證，也具有特殊的時代意義。

鼓聲裡滲雜著我寂寞的心聲
波及遠處神祕的山峰
於是收到回響的寂寞時
我不得不，又拼命的打鼓……
鼓是我痛愛的生命
我是寂寞的鼓手。

——摘自〈鼓手之歌〉

陳千武對《笠》的貢獻令人懷念，他在詩文學的成就，將長留在他熱愛的台灣這塊土地上，他不會是寂寞的鼓手，他是一位真正的時代的鼓手，永遠的現實的抵抗者。

本文摘自《民報文化雜誌》第六期

（二〇一五年五月一日出版）

不斷翻新自己的文學家李喬

彭瑞金

「陰」字在字典裡，有太陽照不到的地方，柔性的、幽暗的、女性的等意思，李喬一九三四年出生於苗栗大湖番仔林，父親李木芳是總督府《警察沿革志》上有名字的苗栗大湖農組事件的領導人；是日治時期多次進出「牢獄」的異議分子。「番仔林」顧名思義是偏鄉的偏鄉，與原住民搶食，肯定是艱困生活的所在。李喬從身世到家世都隱喻有「太陽照不到的地方」之意。

自稱「五陰階自耕農」

李喬自稱「五陰階自耕農」，是指他出生於客家族群，客家在台灣是弱勢族群，此一「陰」也。他畢業於新竹師範學校普通科，等於高中學歷，擔任小學教師，再經由檢定考試，由國小、初中而以高職教師結束職業生涯，在「博士滿街是」的時代，他屬於學歷、職業上的弱勢，此二「陰」也。他父母這一代住在窮鄉偏壤，是無產的佃戶，他少年時代是戰爭時期，他終身教職，與發財絕緣，在財務上屬於經濟弱勢的窮人，此三「陰」也。社會上他主張改革，政治上他屬於「反動者的旁支」；不是「主流」，是社會、政治「權力者」之外的弱勢，此四「陰」也。在文學上，他說自己是Feminism，站在弱勢者立場發言，屬於陰性書寫，此「五」陰也。李喬既是天生的弱勢，也是後天的弱勢，但先天的弱勢是被選擇的，而後天的弱勢，則是自己的選擇。李喬身在弱勢，也選擇和弱勢站在同一陣線。

李喬不曾擁有田地，何來「自耕農」之稱？其實李喬耕的是心田，耕種的文學、文化的園地。「五陰陼自耕農」是從絕對的弱勢出發，卻可以自主地耕耘自己的文學園地來。李喬所以如此自稱，想必是回顧自己一生的文學路，可以從一片蒼茫中耕種出來滿山滿野的莊稼，有不易的心酸，也有滿滿的得意，很多都是自己的始料不及。

李喬成長的番仔林世界和他童年、少年成長的年代，是充滿貧窮、飢餓、疾病，甚至是死亡陷阱的時代和環境，一不留神即可能讓生命灰飛煙滅。李喬和他的父母、兄妹能從那樣的困局險境活下來，已是大幸，還能夠將這樣的生命劫難化為文學的母源，當然是意外的意外。

化悲苦為生命前進的能量

四十年前，我寫的第一篇李喬的評論是〈悲苦大地泉甘土香〉，認為李喬是從番仔林出發，他從自己、家人以及番仔林人如何走過生命劫難的「故事」中去思考的價值和意義，去探索生命的本質。放眼他生存周邊的番仔林人，能夠和他一樣經由讀書、考試，走出番仔林去任公職、教師的，恐怕是鳳毛麟角，多數的番仔林人，恐怕一生都難逃那命運的鎖鏈。

李喬從二十五、六歲開始寫作，差不多二十年的時間都以各種不同形式的短篇小說創作為主。這些作品，包括少數的長篇小說《痛苦的符號》，反覆探索的，就是像似無解的生命議題。李喬身邊的番仔林人是他探索生命的樣本，他從他們身上發現，生命的痛苦是無可逃避的，只有吃下、吞下這些「痛苦」，才能轉化為生命前進的能量。所以他說，生命就是痛苦的符號，而且，人——特別是不幸、痛苦的人得從這樣的立基上去救贖，發揚生命的能量，自贖也贖人。

番仔林是李喬的文學原鄉，番仔林人則是他看到的生命原型，兩者共同造就了李喬早期的文學。二〇〇〇年，苗栗縣立文化中心出版《李喬短篇小說全集》，其中百分之八十都是一九八〇年以前完成的作品，代表他在錘鍊「生命」時期的作品。

創作《寒夜》三部曲

一九七〇年代後期起，李喬投入《寒夜》三部曲的創作。那是他將錘鍊過的文學「生命」和台灣人的命運、歷史、大地結合奏響的文學樂章。從客家族群的開墾史寫到台灣人的命運。

從《寒夜三部曲》開始，李喬的小說開始探索台灣人的命運，《寒夜》的男主角「劉阿漢」是孤兒、是羅漢腳，「葉燈妹」是棄嬰、是花屯女，他們的結合、組成家庭，繁衍後代，有著強烈的「台灣人」族群認同的暗示性、啟發性。他們是完全沒有父母、親人依靠的純正孤兒，他們所以能建立自己的家庭，完全靠「自力」、「自立」，但他們活得一點都不哀怨。

阿漢在成家之前，當隘勇，燈妹在彭家當花屯女，他們因番仔林人開墾的需要湊成夫妻，也因為番仔林的開墾計畫失敗，他們被棄置在番仔林，成為貧無立錐的「孤家」。但阿漢卻追隨岳父彭阿強的足跡成為一九二〇年代農民運動的要角，領導苗栗大湖的農民組合，成為農民領袖，也為農民運動犧牲生命，燈妹無力阻止丈夫出去打天下，卻獨力將家撐起來，以勞力、以向地主租地耕種，養活一群子女。她不但「被迫」成為阿漢及兒子明鼎參與、投身農民運動的後盾，更成為整個家庭的支柱。

戰爭時期物資缺乏，年輕被徵召參戰，阿漢已經屢遭日人拘禁、拷打而去世，貧鄉困壞的番仔林宛如人間煉獄，已經進階為阿漢婆的燈妹，她的處世態度和人生智慧，有如身處煉獄中人的一盞明燈，已是番仔林人最大的精神依靠。劉阿漢、葉燈妹的生命故事，讓那些動不動就要找尋「父祖」才活得下去的人汗顏，也讓那些只望天空不看土地的人活得羞愧。

停止望鄉的高山鱒

李喬以「高山鱒」暗示台灣漢裔移民的鱒魚思考，總認為年年歲洄游父祖之鄉是常道、常理，卻不思考孕育自己生命的這裡的山川大地，既遭「陸封」——地殼變動，為何不學學台灣的高山鱒魚，就在台灣高山河流裡繁衍子孫後代，幾代人過去了，難道不能停止那望鄉的想望？

李喬是小說家，但他強烈的文化論述卻絕不亞於他對小說創作的熱忱。《寒夜》裡的「論述」，讓他從個我生命意義的錘鍊提昇到國族認同的境地。寫完《寒夜三部曲》，他寫《情天無恨——白蛇新傳》、寫《藍彩霞的春天》，同時也在寫《台灣人的醜陋面》。顯然他對「認同」的表達意猶未竟。

《晴天無恨》試圖從文化概念上把受到醬缸文化綑綁的台灣人傳統思維解放出來，揭開法統、道統說的虛妄。一般人大都不解李喬講台灣何以扯及《白蛇傳》，除了《白蛇傳》家喻戶曉之外，《白蛇傳》也是不思、不考，因循苟且閱讀的最佳範例。「自是」的「法統」、「道統」，總是把別人打成「妖」、「魔」、「怪」、「邪」，這和是台灣人為「番」的文化，豈能看得見真妖、真魔？又怎能看清自己？

《藍彩霞的春天》——台灣的妓女文化

也許李喬認為《晴天無恨》的論述曲高和寡，於是就更進一步用台灣的妓女文化來論述，而寫了《藍彩霞的春天》。這個故事是說，透過「組織」，「組織犯罪」，逼良為娼，然後鄙夷、賤視、奴役、詆毀「娼民」。和《白蛇新傳》比起來，只是白話版和文言文版的差異，罪魁禍首都是後面的「道」與「法」。他同時在指陳的「台灣人的醜陋面」，其實也是指引台灣人走出這種文化醬缸陰謀的一條光明道路。

創作者跳出來「論述」，對創作者是一種折損，若不是有感於社會的冥頑，作者肯定不會出此下策。李喬更完整的文化論述，還有《文化．台灣文化．新國家》（春暉）及《李喬文學文化論集》（一）、（二）（苗栗縣政府國際文化觀光局）。

繼《寒夜》以後，他投注最深的作品是《埋冤．一九四七．埋冤》，是一部以二二八事件為背景的歷史小說。李喬自認為小說一旦涉入歷史便難以拔足奔跑，他前後大約花了十年左右的功夫才完成這部鉅作，大概就是因為歷史的糾結吧！書題的第一句「埋冤」，埋是形容詞，指被掩埋的歷史冤屈。

在二二八仍然被視為嚴重禁忌的時代，李喬下了極大的功夫去查證這段史實，也對二二八事件相關的人地事物做了鉅細靡遺的訪查，結果他雖然再度陷入歷史糾結，他仍然寫下了這部震撼人心的鉅著。上半部可說是他的忠實紀錄，甚至還有註釋，註釋這段相關人事的背景，或受訪者的受訪時、地，雖然明知這樣的「作法」能導致非議，他仍然說，他不敢不把這些史料以最忠實的手法把它呈現出來，雖這樣會大大擠壓了小說創作虛構的空間。我相信寫作《埋冤》對李喬本人、對眾多的讀者，都是可能撕肝裂膽的震撼教育。

撕肝裂膽的震撼教育

《埋冤》的下半部是虛構，但也有可以對號入座的真實人物。這裡的「埋」字就是動詞了，意謂者台灣人經過近五十年（此書初版於一九九五年）的沉冤未雪之後，應該「自力」從歷史的冤誤中走出來，書中人物林志天、葉貞子，分別代表走出二二八的兩種類型，到底誰真正走了出來，以什麼走出來，就留待讀者自己去查考了。

二〇一六年九月，中正大學舉辦了李喬文學學術研討會，副題是研討李喬七十歲以後的文學作品，是年李喬八十三歲。七十歲以後的李喬寫有劇本《情歸大地》、論述《我的心靈簡史》、小說《咒之環》、《V與身體》、《散靈堂傳奇》（合稱幽情三部曲）、《情世界回到未來》、《亞洲物語》、《重逢──夢裡的人》，散文《草木恩情》等不下兩百萬字的作品。這些作品不僅產量驚人，速度驚人，尤其驚人的是，到了八十歲，仍不改其一生寫作不斷翻新自己的特質。

高齡文學獎《V與身體》

他的《V與身體》以八十歲高齡壓倒眾生獲得台灣文學金典獎──長篇小說金典獎，憑的就是他創新又前衛的技巧，七十歲的作家還在火線上創作的並不罕見，過了七十歲仍不斷翻新自己才是稀奇。

七十歲的李喬，不僅在小說創作和文學文化論述的場域持續奔馳，更跨足傳播、社會、政治運動，主持電視節目，改編或創作劇本，其實，七十歲以後的李喬最明顯的「變化」是，他從思考的文學文化人變成行動的文化人。從較早的參加「建國黨」到成為民進黨總統候選人地方後援會會長，出任國策顧問……，李喬已經把自己改造成文學行動人。

他在進入二十一世紀前後——其時尚未達七十歲的改變，未必是自覺的，只是照著他文學人的理念行，自自由由地走出去，一步一步深入各種漩渦裡面去。他不承認自己是對政治有野心的人。也正因為他真的沒有政治的慾望，雖然進入「漩渦」卻能保持清醒，走得出來。我認為，他的《重逢——夢裡的人》，是他沉迷文學又走出文學的見證，而「幽情三部曲」則是他掉進政治、社會運動漩渦之後的「覺書」。

文學行動人的「幽情三部曲」

我從「幽情三部曲」看到，按著《咒之環》、《V與身體》、《散靈堂傳奇》的發表順序，李喬對當代社運、政治人物的失望、嫌惡……逐「部」降溫，激動、憤怒、絕望過後，我覺得《散靈堂傳奇》代表李喬對台灣社會仍然有其不能截斷的終極懸念，原因正在這裡。《咒之環》不是李喬下的詛咒，而是看到台灣人從分類械鬥遺傳下如環的命運詛咒，不斷地複製在台灣的政治上，難免令人絕望。《V與身體》則借喻台灣戰後菁英的自我毀壞。在大地招魂——《散靈堂傳奇》或許可以讓台灣人看到一線生機、希望。

無疑地，七十歲以後的李喬，是他進入當世紅塵之後的省思，也是李喬文學邁向終極之路。年輕時候的李喬，極端看重「生命」，他在苦苦尋思生命脫苦求甘之通，但當他以更寬大的眾生視野去看生命時，他認為眾生不得救，個人亦不能得救，他把「台灣」何去何從的十字架綁在自己的文學裡，最終則是脫下皮鞋、捲起褲管走向社會改革的行列，將文學的理念化為行動。

李喬也不是把文學當工具論的作家，但他每一階段的文學，都和他每一階段的生命省思，連結在一起，也可說他是透過創作去尋思、釐清他各個生命階段的課題。但七十歲以後的李喬，文學表現方式比較不一樣，他已經脫離生命的漩渦或風暴，自然有沉澱之後的清明。或許他已經完全了然生命的意志固然靠鍛鍊去改變，族群、家國何去何從又豈是依得了個人意向？因此，他在近作《亞洲物語》中，不再只是台灣觀點，也許放眼亞洲、放眼世界，更能看清楚一切。誠如他在《亞洲物語》的「前言」中所言：「台灣所在的亞洲，亞洲裡的台灣，台灣的東鄰西舍；波濤洶湧的亞洲海域，風沙煙霾……很絕望，但我不能絕情……於是一縷非來自感情意志的動力萌生；要寫一部涵蓋亞洲，一種期待或憑弔……」一種五陰階作家捨不下的懸念。

本文摘自《民報文化雜誌》第十七期（二〇一七年三月一日出版）

隱遁者七等生

彭瑞金

七等生本名劉武雄，苗栗通霄人。出生於日治時代的一九三九年，卻是戰後受教育的第一代，畢業於臺北師範學校的藝術科，一直擔任國民小學的教職。一九六〇年代初開始寫作，主要的作品都完成於一九六〇及一九七〇年代。寫作之餘，他也是畫家。一九八〇年代以後，顯然他投入繪畫的比重已經超過文學。遠行及遠景出版社分別在一九七六年及一九八六年出版過《七等生小全集》及《七等生作品集》；二〇〇三年，遠景再重新編排出版《七等生全集》，不分文類，依出版年代編成，凡十冊。他最後出現的作品是一九九九年。

七等生是文壇的獨行俠

除了一九六〇年代剛寫作不久，參與過《文學季刊》的創辦外，七等生是文壇的獨行俠。他的特立獨行，顯現在他的文字風格和與眾不同的文學觀。七等生是從自取的筆名便可傳達許多訊息給讀者的作家。在那個人人都想當人上人，事事都要爭第一，成為優等生的時代，七等生不僅放棄爭第一，自願直接下降當「七等生」，他傳達的是怎樣的叛逆或反諷訊息，豈不是重重敲打了整個社會、時代的腦袋？

七等生主要文學活動的一九六〇及一九七〇年代，正是台灣文壇吹「現代主義文學」風的時代，套一句剛過世不久的陳映真的說法，許多人嘴裡嚷的「現代主義文學」，「不但是西方現代主義的末流，而且是這末流的第二次元的亞流」。意謂許多人理解的「現代主義」只停留在口腔。相較於不把現代主義掛在嘴上的七等生，他的作品的探索與省思，無論是表達的形式和寓意，反而常被文評家認為是台灣現代主義文學的異數。

由於一般從制式教育走出來的讀者，很難理解七等生的小說故意衝撞現實或傳統，產生迷惑、混亂或荒謬帶來的再思考的價值與意義，七等生的作品也就爭議不斷，他可以說曾經是爭議性最多的小說家。以多年後、澄清之後的今天來看，七等生文學的爭議，和當年波特萊爾被指離經叛道，百年後卻成為法國文學之寶的例子相似。文學如果都是一目瞭然，也就不成為文學了。

爭議性最多的小說家

創作高峰時期的七等生，幾乎每出現一篇新作品，都能獲得熱烈討論。雖然不乏「佳評」，但正面的評價始終不如負面的多。然而閱讀者的不解，並不代表作品的不能解或無解，即使是掌聲響亮的叫好作品，也許只是一陣風，吹過就沒有了。讀者對七等生的不解，也許可以看到七等生作品的耐人尋味或藏得很多很深的一個面向。這裡借喻七等生的一篇小說題名「隱遁者」，這不是說七等生有隱逸的思想或行為，只是說七等生「說話」、表達的一種方式，打開大門、門戶洞開，不是他的文學風格。

從〈放生鼠〉、〈我愛黑眼珠〉、〈精神病患〉、〈僵局〉、〈離城計〉、〈削廋的靈魂〉、〈沙河悲歌〉、〈散步去黑橋〉到〈譚郎的書信〉都是七等生受到廣泛討論的作品。對於執著於討論一定要有答案、結論或道德是非對話的讀者，閱讀七等生，可能是一種痛苦、一種煩惱。但那不是七等生創作的目的，他只是要和閱讀者一起思考。

譬如〈放生鼠〉裡，把捕鼠器捕到的老鼠帶到河的對岸放生，設若從養老鼠咬布袋的固定觀念想，老鼠是危害人生活，可能造成財務損失的「害物」，必設法除之以絕後患，不是直接在籠子上灑上汽油，點火燒死，就是用熱水燙，放進河裡淹，至不濟也要亂棒打死，豈容得了牠苟全性命？絕無放生之理。但人們何獨不去思考，毒蛇都有人放生，放生老鼠，又算什麼？〈放生鼠〉或許不在探討老鼠該不該被放生，而是在質疑，誰可以決定他人的生死。如果放不掉「老鼠就是會咬布袋、偷吃或糟蹋食物」的成見，自然就沒有其他生命思考的可能。

高頻率被誤解誤讀的作家

此外，被討論更多的是〈我愛黑眼珠〉。男主角李龍第被暗示是吃軟飯的男人，帶著食物和雨衣準備去接下班的太太一起去看電影，不料來不及接到太太，就遇上洪水來襲，只好爬上屋頂避難。李龍第發現身邊的女子——七等生還特別強調，他是李龍第不認識的陌生的妓女，需要食物和雨衣時，就把要送給太太的食物與雨衣給了她。結果恰巧也在對面屋頂上避難的太太晴子看見了，大聲責罵李龍第的不是，他竟對陌生女子謊稱不認識該女子。

這篇小說遭受社會上普遍的道德檢驗，甚至人身攻擊作者的道德觀。七等生或許有啞巴吃黃蓮的難以對話。普遍略過七等生要和讀者大眾對「存在」的對話，難道「道德」指的是那種永遠只在嘴上說說，卻永遠做不到的事嗎？在洪水隔絕的世界，李龍第難道要放著眼前、身邊的垂死不救來顯現對太太的忠貞或愛嗎？似此，七等生的現代主義文學是走在大多數同時代的讀者前面的，所有的爭議都是時間差引起的。

也許七等生一輩子都保持著孤鳥型的創作心態，但他的文學沒有逃避。小說中除了有呼之欲出的七等生之外，其實他的小說和時代、社會是氣息相通的。他的小說，對戰後的戒嚴政治、工商化社會帶來人的疏離冷漠、物欲橫流、道德淪喪……，他不僅有感，也用不同於他人的文學表達方式，也發展出他的批判方式。對於一個高頻率被誤解誤讀的作家，能夠不斷地奮進、堅持，的確令人敬佩。不過，從被誤解誤讀中，作家也肯定從中得找前進的力量。隱遁者七等生並沒有把自己藏起來，他只是始終都在自己的那個角落。

本文摘自《民報文化雜誌》第十七期
（二〇一七年三月一日出版）

最後的田園之夢　陳冠學

郭漢辰

我再次前往陳冠學老師的田園小屋，那已是他過世兩年之後的事了。只見屋前滿地落葉無人清掃，歲月走過的痕跡，都在窗櫺門板上，留下斑駁的足印。彷彿小屋沒了主人，屋內屋外的任何事物，都迅速老朽枯黃，了無生氣。

在冠學老師還在的那幾年，我多次前去探望他。田園小屋當時就已十分破舊，卻因為有主人的生命力，總是有不一樣的氣息流通。在書房裡，聽冠學老師談天說地，談他最摯愛的文學，說他最痛恨的紅塵俗事。他都能逐一說出大道理。

二〇一一年七月二日，他過世的前四天，我和友人去探望他。那時心想，聽說冠學老師生病了，無論如何得去關心他的近況。

我還記得冠學老師那天早有病容，卻和我們聊得很開心。臨走前，我們推開紗門慢步而出，我轉頭看著他，發現在紗門裡的老師，顯得格外瘦削而孤單。

那時心底浮起一陣不安，隨後午后微風吹來，門前落葉被刮起，好像要搶先告訴我什麼祕密……

耕讀田園的傳奇一生

我站在田園小屋前，回首冠學老師耕讀田園的傳奇一生。

我們得先穿越時空，回溯到一九三四年，在屏東新埤鄉萬隆村一處偏郊的農宅裡，原本靜寂的天地，剎那間有了嬰兒的啼哭。熱愛漢學的父親，幫小嬰兒取名「陳英俊」。陳冠學是長大後他替自己取的筆名，後來就成了他的名字。

小學時他接受日本公學教育，但隨著二戰戰況激烈，學校教育幾乎停擺。當時疼愛他的父親，委請漢學老師以台語教他漢文，因而奠定他深厚的漢學基礎，更埋下對台灣語言的熱愛。

他台灣師大國文系畢業，大學畢業後，他曾經在十一所國中、高中和專科學校當過老師，也主持過高雄的三信出版社。一九八一年，陳冠學辭去教職，先居住在高雄澄清湖畔，次年搬回北大武山下的萬隆村老家，過著與世無爭的生活。他以人力和牛力耕耘兩甲旱田，輪作旱稻、番薯、花生、玉米等農作物，屋邊種有瓜、豆、蔬菜，粗食淡飯，自給自足。

冠學老師從一九八一年開始（四十七歲），陸續發表田園三部曲散文，勾勒他在屏東新埤鄉萬隆老家晴耕雨讀的情形。田園之秋第一部曲《初秋篇》，最早發表在《文學台灣》季刊，受到文壇廣泛注目。一九八三至一九八五年陸續發表《仲秋篇》、《晚秋篇》。一九八六年《田園之秋》的三書合訂本，由前衛出版社正式發行。

《田園之秋》創下冠學老師文學創作的高峰。一九八三年，他以《田園之秋》獲得時報文學獎散文類推薦獎，一九八六年又獲得吳三連文藝獎的散文獎。這時期的其他創作如《父女對話》、《訪草》、《藍色的斷想》，都書寫了這時期他對大自然以及人文教育的種種想法。

從青年時代起，陳冠學就對中國古代哲學思想產生濃厚興趣，他在這方面的著作相當多，包括《論語新注》、《象形文字》、《莊子新傳》、《莊子新注》等。歸隱田園之後，他專注於台灣拓荒歷史和台語的研究，寫下了《老台灣》、《台語之古老與古典》等書。

金鋼鑽哲學

我在小屋前穿走，踩踏在滿地的落葉上，腦海裡記起二〇〇五年五月與老師見面的情景。他那時身體康健，非常健談。他提到自己應該是台灣現有文壇裡，唯一不應酬不演講的作家。他強調，寫作思考宇宙之事都沒有時間了，還有什麼時間應付紅塵繁囂之事。此外，他對於官僚的印象也沒有很好，他認為做官的無法與文學家相比，因此創作者要「見大人則渺之」。

那時我還記得他非常嚴肅地說起他的「金鋼鑽哲學」，他認為偉大的創作者，應該就像一塊「烏火炭」（黑色木炭），埋藏在深不見底幾千公尺的地底下，只有經過歲月的千錘百鍊，忍受黑暗苦楚，才能成為發光發亮的「金鋼鑽」。

他擇善固執的精神，早在青年時代就顯現。一九四五年，日本結束在台灣的統治，冠學老師自認不是日本人，從此不再說日語。此外，他在一九八一年投入省議員競選，當時他唯一提出政見為「保護中央山脈」，是國內最早出現的生態宣言，相當具有遠見。他明知自己不會當選，又全力以赴，猶如唐吉軻德的精神令人動容。

永遠開啟的文學課

停留在田園小屋愈久，回憶的事情愈來愈多。想起多次與冠學老師見面，每次都像是上一堂大師的文學課程。

二〇一一年七月二日，最後一次與老師見面那天。他說，寫作不是一樁很簡單的事，而是要拼死拼活地學習，才能寫出偉大的文學創作。寫作第一個要務，便是誠實地面對自己，如果無法面對自己的真面目，就無法寫出真心的東西。

七月六日接到友人的電話，說冠學老師昏迷被送到屏東基督教醫院急救無效。我心底一陣震動，但轉念想想，他已脫離肉體的苦痛，昂首走入文學的殿堂裡。

冠學老師的文學課，從此將永遠開啟不會有停課的一天。

你只要翻開《田園之秋》，走入書裡的字裡行間，便可進入冠學老師的文學大自然講堂，他就在大武山下教導人們如何晴耕雨讀，如何認識那些起起落落的飛鳥，如何一筆一字寫下對這塊土地的摯愛。

本文摘自《民報文化雜誌》第四期
（二〇一五年一月一日出版）

應答李魁賢：無愧故土的芝蘭詩人

陳希

〈麻雀〉一詩中提到：「我們一群去，一群來／從不在廟堂棲息／也不食瓷杯裡的玉米」，這是在說明人應有：（A）堅守理想的精神（B）自視過高的姿態（C）委曲求全的身段（D）得過且過的想法。

親愛的讀者，以上這一題你會如何作答呢？我想，詩人和我們都會同意（A）這個答案，因為，這首〈麻雀〉所標舉的情操正是詩人這一生的寫照：堅守理想的李魁賢。

李魁賢的〈麻雀〉一度收錄於《南一版國文課本第二冊》之中，與胡適的〈老鴉〉（一九一七）並列，兩首詩均是以「我」的口吻，以禽鳥之言語講述自身為人做事的理想。不同於胡適因力陳前現代社會弊病卻遭受抨擊進而以「人家討嫌我，說我不吉利；……我不能呢呢喃喃討人家的歡喜」自述寧可化身烏鴉，也不肯向人阿諛諂媚，也不願屈服改變的強力宣示。李魁賢則是透過最為平凡渺小的麻雀之口自言：「我們一群去，一群來／從不在廟堂棲息／也不食瓷杯裡的玉米」表現出詩人追求自由自在，不求聞達的生命態度。作為少數能以詩作聞名世界的台灣詩人，我不禁想，是什麼樣的土地，能淬鍊出這樣平凡卻更見堅韌的姿態。

芝蘭少年苦樂精通英日德語

詩人李魁賢，一九三七年出生於日治台北市太平町（今涼州街），後因戰亂而遷回新北市淡水忠寮里祖厝，據詩人族史記載：李氏一族自十八世紀後期前來關渡移墾有成，後至淡水北投仔庄購地落戶，而淡水、三芝及石門西半部於清領至日治初期則是歸入名為「芝蘭三堡」的行政區劃之中，或許是因身藏有芝蘭風土之故，詩人於自傳中有言：因為戰爭緣故，學習「國語」先是兩年日文後旋即換成華語，學習創作初始的兵荒馬亂，雖然熱愛寫作卻深受辭彙不足所苦，這位「芝蘭少年」只好轉向寫詩，將早慧的創作熱情灌注於較為短小的詩句。一九五三年四月，十七歲的芝蘭少年，以筆名「恆心」發表第一首詩作〈櫻花〉於《野風》月刊，自此開啟李魁賢的作詩人生。

由於戰後初期家中經濟匱乏，李魁賢捨棄升學高中，進入臺北工專（今臺北科技大學）主修化學工程。雖讓人詫異於文藝少年的抉擇，卻在詩人身上見諸人生因緣，或許未能如當初預定而行，然而卻引領詩人走向了多元紛呈的創作方向：小學時期，因受兩年日本教育，而有日文基礎，出社會工作，任職台灣肥料公司，除積極自修日文，因深感於德國科技之先進，一心想前往德國留學，於是開始學習德文。一九六一年，詩人到臺灣大學夜間班進修語言課程，一週三天，分別學習英、德、日三種語言：英文課著重翻譯，德文課奠定基礎，日文課強調會話。這樣的自我要求驅使詩人走上了翻譯之路：一九六三年，李魁賢翻譯美籍華裔作家黎錦揚（一九一五～）的小說《天涯淪落人》連載於自立晚報副刊，後於一九六八年出版。而引薦德國重量級詩人里爾克（Rainer Maria Rilke, 1875~1926）進入台灣更是李魁賢的重要成就，自許為「執迷不悟」的里爾克迷的詩人，先是以中文翻譯英文版的《致青年詩人書簡》，後來得因前往瑞士工作之契機，奮力尋求德文原版的里爾克作品，一九六九年，李魁賢出版里爾克詩集譯作《杜英諾悲歌》、《給奧菲斯的十四行詩》和《里爾克傳》。其後長達三十多年間，詩人除不間斷地翻譯引介德國詩人作品外，更將翻譯觸角延伸至歐陸、非洲及印度，讓我們得以透過詩人的譯著，走向更為遼闊的文學世界。

一生心念　如何在荒地上播種

李魁賢於二〇一三年出版回憶錄《人生拼圖》，曾言其過往人生：由於無法按照設計進行，常常因偶然而改變方向或目標。宛如拼圖散片所麻成的創作生涯，從出身芝蘭三庄的早慧少年，到歷經詩壇動盪決心加入《笠》詩社，從迷戀德國詩人進而瞭望世界，從化學工程師到發明專利剪刀，從翻譯交流進而印度詩人團體三度為其提名爭取二〇〇二、二〇〇四和二〇〇六年諾貝爾文學獎提名，如此跌宕多姿的創作生涯，時至今日，這位出身淡水「石牆仔內」的鄉土詩人，始終一如〈麻雀〉詩中所言：「我們聲音小／卻符合大自然的韻律／

在工作中愉快歌唱／即使農夫對我們吆喝／我們還是辛勤地／把種子帶去／播種在偏僻的荒地」正因為自己的渺小平凡，所以我們得以生存茁壯，但是無論外在環境如何險阻，我們還是要努力地去開墾「荒地」，而詩人一生所念茲在茲的「荒地」就是如何運用其詩作引領世界認識台灣。

李魁賢曾於《但求不愧我心》一書中，提及其人生座右銘即是懸掛於書桌右側後方，由淡水先賢王昶雄為其揮毫的「但求不愧我心」六字。一生致力創作無日間斷，發表詩作千首，獲獎等身的國家級詩人仍是時時惶愧自己面對家國鄉土是否起有正面作用。筆者亦是出生於新北市，隔著觀音山與淡水遙對相望，能為文介紹家鄉前輩詩人，除勉勵自己也要如同「麻雀」一般播種「荒地」，耕耘台灣文史外，希望藉由此文應答詩人：吾國家土終會如您四十六年前所言──「櫻花」綻放，太陽終於撥開雲層，驅走了恐怖的黑暗。

本文摘自《民報文化雜誌》第十三期

（二〇一六年七月一日出版）

鄉土文學大師黃春明

林衡哲

感動：傑出小說的人性溫度

我在一九六八年出國之前，可說是台灣文化的文盲。大學時代都在忙於翻譯羅素作品及介紹西方文化名著，並與廖運範同學共同催生，影響台灣知識界深遠的「新潮文庫」。那時我只知道世界偉人與中國偉人，而不知道有台灣偉人的存在。

我出國之前，唯一看過的台灣小說家的作品，就是黃春明的小說集《兒子的大玩偶》。那時我是蕭孟能創辦的《文星》雜誌迷，讀的書都是文星封面人物的世界名著，例如羅素、羅曼羅蘭的著作，因此對黃春明這本單薄的小說，似乎覺得沒什麼分量，老實說當時不大看得起這本小說集。

留美初期，猛看在台灣被禁的中國作家如巴金、茅盾、老舍、魯迅、沈從文等人的作品。或許是鄉土的呼喚及懷鄉之情，這時重讀黃春明，才發現他的小說比中國作家的作品，更有親切感與溫暖感；他對故鄉宜蘭的小人物，充滿溫暖的同情心，這是魯迅《阿Q正傳》所不及的。總之，我非常感激剛到美國時，那段心靈苦悶的日子，黃春明小說給予我撫慰心靈的力量；對台灣文學踏出認知的第一步，便是從黃春明的小說開始。

雖然黃春明與我都是宜蘭人，但在出國之前，我並不認識他。後來透過日治時代「山水亭」老闆王井泉之子王古勳的介紹，我們終於請到抱病前來的黃春明，來南加州參加我主持的一九八八年第三屆「台灣文化之夜」做主題演講。那天盛況空前，共有五百多人參加，主講者除黃春明之外，還有張恆豪和吳錦發。他們三人給洛杉磯台灣同鄉，帶來了一次豐盛多采的台灣文化饗宴。從此我與黃春明建立多年來「君子之交淡如水」式的永恆友誼。

當時也是宜蘭同鄉的林義雄，正在南加州爾灣市靜修，因此我就順便帶黃春明去探訪林義雄，他們兩人似乎一見如故，互相心儀；尤其在「非核家園」議題上，更是心有靈犀一點通。

一九九七年我返台服務於花蓮門諾醫院，一九九八年開始在門諾醫院催生二十世紀台灣傑出人物的系列文化講座，第一年就請他助陣，講題是「文學與人生」。他以一流的口才，娓娓道出他那一部可以寫成精彩戲劇的人生故事。

黃春明，一九三五年生於羅東的浮崙仔。他的人生路途很不平順，母親早逝，繼母對他不好，家庭得不到幸福；加上成績不好又愛打架和打抱不平，他先後被羅東中學和頭城中學退學，最後決定離家出走。

黃春明：情節豐富的生命故事

黃春明只帶著沈從文和契訶夫小說，就去台北打天下，當電器行的修理工。這工作讓他有機會接近形形色色的人物，包括保安街的妓女戶，這些小人物常給他意想不到的溫暖，這些材料提供他後來寫《看海的日子》的靈感。人跟人相處時所迸出的火花與感動，就是黃春明創作的來源。

黃春明做電器工一陣子，決定去讀師範，從臺北師範讀到臺南師範，先後都因故被退學。但是他的人生故事感動當時南師校長朱匯森，朱校長寫了一封推薦信，讓他去見屏東師範校長張孝良。張校長看了哈哈大笑說：「黃春明，你不簡單，你讀的路線彷彿一隻耳環，從宜蘭爬到台北、台南到屏東，真是世上最大的耳環。」

為了不願跳入巴士海峽，黃春明乖乖地念完屏東師範。屏師畢業後，黃春明第一志願是「花蓮山地」，結果卻分發到故鄉宜蘭的山邊，當了三年老師，與學生打成一片，實施愛的教育。

黃春明也提到，他文學的啟蒙老師是初中國文老師王賢春，可惜這位愛學生有理想的老師，卻因匪諜案件死於白色恐怖。王賢春對他作文的肯定，種下他對文學發生興趣的種子。高中時代，又認識一位熱愛文學的軍中指導員，指導員很欣賞他，常找他聊天。有一天對他說：

「黃春明，你的名字很了不起，春，象徵春到人間萬象新；明，象徵明月皓潔照乾坤。人生哪，要有兩把斧頭，人生的路途都是刺，要自己去開拓。這兩把斧頭，一把是恆心，另一把是毅力，目標不要改變，努力地砍，一條路就會出現。」

後來這位指導員，又因匪諜案件消失了。黃春明說：「我這輩子，最幸運的是遇到這兩個匪諜，他們對文學的興趣和秉持的理想，啟示我寫作的力量是很大的。」

黃春明最欣賞的兩位短篇小說家是，中國的沈從文和蘇聯作家契訶夫，他們的小說透露出濃厚的人道關懷，他常一看再看，甚至看得涕泗縱橫，因此後來他自己的寫作風格，也多少受到這兩位人道主義作家的影響。

黃春明早期的小說都以宜蘭人為主題。此外，他也是第一流的業餘畫家，他畫的龜山島比職業畫家更感人。他是多才多藝的人物，社會歷練豐富，不管是做電台主播、行銷經理或參與兒童劇的創作與演出，都是做什麼像什麼。晚年他回到故鄉宜蘭，創辦文藝咖啡沙龍，延續蔣渭水重視文化的精神，想在宜蘭創造一片文藝復興的氣氛。但是，將會使黃春明永垂不朽的，將是他的短篇小說；他筆下各式各樣的草根人物，將會永恆鏤刻在台灣文學史，和所有讀者的心版上。

本文摘自《民報》網站
（二〇一四年十月七日出版）

擁抱飛魚之夢／達悟文學勇士——夏曼・藍波安

邱斐顯

夏曼・藍波安，一九五七年生，從小在達悟族人口中的「人之島」——蘭嶼長大。一九八八年，投入蘭嶼反核自救運動，曾擔任蘭嶼「驅除惡靈運動」總指揮。

夏曼・藍波安擁有淡江法文系學士，以及清大人類學碩士的學歷。他一方面用文學寫作，為達悟族的生命與生活經驗，留下珍貴的文字記述；另一方面，他身兼人類學者與原住民的身分，身體力行，親身參與族人造船、捕飛魚等等的文化模式。

離鄉背井，隻身來台求學

國中畢業後，夏曼・藍波安前往台東考試。他成績不錯，很幸運地考上高中。這是他生命中的第一個夢想。夏曼・藍波安揚起了嘴角：「這是我一生中最幸運的一件事。」

然而，家人無法感受到他想念書的心，也體會不出念書的重要性，父親要求他回蘭嶼，並留在蘭嶼。

夏曼・藍波安的父母共育有六個子女，有的同父不同母，有的同母不同父。和夏曼・藍波安同父同母的，只有一個妹妹。就達悟族的文化傳統而言，個人的私有財產，如水芋田、造船建屋的素材等，都是父子相傳的。對父親而言，夏曼・藍波安是他的獨子，也是唯一的繼承人。因此，父親要求夏曼・藍波安留在蘭嶼，也就想當然爾。

父命難違，夏曼・藍波安回到蘭嶼，待了一個多月之後，想讀高中的念頭仍然非常強烈。趁著父親出海抓魚時，他又偷偷跑到台東。

早期，由瑞士籍神父所創辦的台東天主教「培質院」，一直為解決偏遠山區及外島的鄉下小孩、原住民小孩，到台東市區就學的問題而努力。當時，台東教區負責蘭嶼事務的是瑞士籍的賀石神父。在賀石神父的協助下，夏曼・藍波安得以順利住進培質院，安心地在台東求學。

培質院的養成教育，對夏曼・藍波安日後影響很大。東北籍神父鄭鴻聲，對他的影響更是深遠。「鄭神父管我們管得很嚴，把學生當軍人看待，作息、紀律都如軍令般地要求學生服從。」夏曼・藍波安離開培質院，進入社會以後，他常常想起培質院的院訓——「樸實剛毅」，這四個字對他的一生受用無窮。

拒絕保送，自己賺錢謀生

高中畢業時，夏曼・藍波安原本有機會可以被保送大學，甚至有三個學校，師大音樂系、高雄師院音樂系、高雄醫學院，可讓他挑選就讀。不過，夏曼・藍波安堅持不接受「保送制度」。一來，他認為自己的成績沒有好到那種程度，如果憑保送制度，將來在大學裡還是會跟不上其他同學；二來，他一直在思考一個問題：「難道原住民學生只有靠保送制度，才有機會上大學嗎？」

培質院的鄭鴻聲神父得知他不肯接受保送後，非常生氣，夏曼・藍波安回憶著當年的情景：「我不知道他是左撇子，他一巴掌對我打過來，完全出乎我的意料。他還氣呼呼地說：『你不要給我來培質院！』」

拒絕保送以後，夏曼・藍波安跟著同學，到中和的腳踏車工廠工作半年，負責做腳踏車的把手零件。當時，他住堂姑家裡。因為堂姑丈是外省籍，他們就住在眷村裡。這是他第一次開始接觸「眷村」文化。

蘭嶼小孩，懷抱大學夢想

一九六七年，國民黨政府撤除山地管制，蘭嶼正式對外開放觀光。小學四年級的夏曼‧藍波安，第一次接觸到一位政大關姓的學生，他因參加救國團的活動而前往蘭嶼。這個關姓青年的榜樣，讓夏曼‧藍波安開啟了他想「讀大學」的夢想。

他想要憑自己的能力考大學、念大學，這條路走起來，也就特別辛苦。夏曼‧藍波安放棄搬運汽水工作之後，與另一個學長到毛巾工廠、紡織廠工作。這段期間，他曾送過嘉裕西服的貨，也曾送過保力龍的貨，還到基隆去做綁鋼筋的工作，趁著工作之便，他把大台北的地形摸得熟透了。

一九七九年三月，夏曼‧藍波安決定報考大學聯考。他暫時放下工作，到補習班上課，專心拼命讀書。然而，一向不擅理財的他，很快就把賺來的錢花光，以致到六月時就沒錢可用了。當時他住在永康街，早在考前多日，永康街很多家小吃店都被他賒過帳。

隨車送貨，同時準備聯考

考前兩天，夏曼‧藍波安沒錢吃飯，餓著肚子度日子。考試當天，他從永康街徒步走到北一女中的考場去應試。縱使是餓得沒體力，夏曼・藍波安還是堅持把第二天的聯考考完，他覺得，這是對自己負責。

本來，一九七九年的暑假，考試失敗後，他先回到蘭嶼，之後再回基隆去綁鋼筋。接著他又到染整廠，擔任送貨員、貨運助手的工作。很幸運地，在染整廠送貨時，他遇到一個剛從中興大學畢業、很年輕的隨車司機。他知道夏曼・藍波安很想考大學，也一直幫著他。夏曼・藍波安很感激這個朋友：「他一邊開貨車，一邊幫我複習國文、歷史、地理等科目，我才能一邊工作賺錢，一邊讀書準備考試。」夏曼・藍波安終於在一九八〇年，憑著自己的能力考上淡江大學法文系。

一九八八年，台灣的民主運動蓬勃發展，原住民的正名運動、環保運動、反核四運動也在此時風起雲湧。夏曼・藍波安沒有錯過這一波波要求改革的浪潮。他的自我覺醒，正是來自他在台灣社會底層工作過的生命經驗。

重返蘭嶼，學習飛魚文化

一九九〇年代，夏曼・藍波安回到蘭嶼，重新學習達悟人傳統的生活方式後，才真正澈底走入孕育自己的部落文化。從造船、捕飛魚的文化中，他深深體認到海洋文化的生命力，以及達悟族與大自然生態融合成一體的人文思考。

夏曼・藍波安指出，達悟族人抓飛魚，有著文化意涵，只捕捉自己所要食用的飛魚，以求自給自足；而台灣本島的漁船抓飛魚，卻是只有經濟意涵，漁民們橫衝直撞，大把大把地把網撒下，希望捕捉更大量的魚，以便賺更多的錢，完全不尊重蘭嶼的生態，連一百五十米深的海珊瑚也不放過。而蘭嶼在開放觀光後，資本主義的活動方式影響到達悟族人的生活型態，原本族人自給自足的經濟觀念，也一再遭受到極大的挑戰。

家遭變故，自我放逐南洋

二〇〇三年三月，一個月期間，他接二連三地喪失了母親、父親、大哥三個親人。這對他的打擊相當大，也讓他一直思索著自己何去何從。二〇〇四年，他入選文建會「全球視野文學創作人才培育計畫」後，夏曼・藍波安就提出「南太平洋夢想之旅」。

這趟航行的時間，從二〇〇四年的十二月二十七日到二〇〇五年的二月十五日。失去三個親人的夏曼・藍波安，有著自我放逐的味道。二〇〇五年，夏曼・藍波安考上成功大學台灣文學研究所博士班入學考試後，於五月底，第二次出海航行。這次航行中，夏曼・藍波安成為首位以獨木舟橫渡南太平洋的台灣人。

一位台灣中小企業家資助這次航行，在印尼打造南島民族復古船舷外浮桿獨木舟「飛拉達悟」號，由日本冒險家山本良行任船長，連同夏曼・藍波安，以及五個印尼人在內，一共七人同行。這艘船的船身長十七公尺、寬一米八、高一米八。他們航行中曾遭遇到三次大風暴。夏曼・藍波安一路上只有帶著全球衛星定位儀，與一些米飯、泡麵，其他就靠釣鬼頭刀魚來充飢，他們並用柴油煮魚來吃，一度釣不到魚時，只能划著船去找其他釣魚的船，向他們要魚來吃。日本船長雖然備有衛星電話，但船出發後，就發生電話按鈕按錯，以致電話打不出去的狀況。這趟航行不算成功。

六海里內，保障生態海域

夏曼・藍波安認為，「全蘭嶼的人口，只有四千多人，就算把蘭嶼人全部塞進台北市羅斯福路的台電大樓內，也綽綽有餘。」相較於兩千三百萬的台灣總人口，達悟族在人口比例上，算是非常弱勢的民族，但它卻有著獨特的飛魚文化，台灣執政當局，更應特別珍惜這項台灣人民共同的資產。因此，夏曼・藍波安強烈主張，民進黨政府應該提出「蘭嶼周邊六海里，列為達悟傳統生態海域」的政策，唯有如此，才能讓當地的海洋資源受到保護而得以永續。「如果這個政策無法通過，那麼，說得再多也是徒然！」

本文摘自《民報文化雜誌》第十五期

（二〇一六年十一月一日出版）

輯三

音樂篇

杜鵑山之夢：鄒族先知 高一生的故事

林昌華

自從離開了杜鵑山
時時刻刻懷念那山，真想念那山
拆散的白雲啊！不知飄到哪裡去了
夜裡夢見了杜鵑山，橡樹林的影像漸漸模糊不清
那山竟然看不見了，真想念那山
可愛的藍鵲，現在不知道飛到哪裡去？
杜鵑山就在那個方向
楓葉即將改變顏色的時候了
想念那山，真想念那山
烏鴉向著老巢歸去了吧！

——節錄自高一生〈杜鵑山〉歌詞

「不要忘記噢！這首歌是我的爸爸在監獄作的，當時他的指甲一個（被）拔掉呢！」這是原住民先知高一生的女兒高菊花在二〇〇六年接受原住民歌手小美訪談時，所說的話。這個聽起來輕描淡寫的一句話，卻是身心深受摧殘超過半世紀的高菊花女士，對父親縈繞於心思念的表達。筆者耳中聽著高氏家族與族人演唱的〈杜鵑山〉的歌聲，心裡不禁懷想，高家子弟是抱著什麼樣的心情，歌唱這首高一生在監牢時，以靈魂寫出的懷鄉之歌呢？

高一生本名矢多一生，一九〇八年生於嘉義特富野部落 Lalauya 社，父親為擔任「巡查補」的阿巴里，由於父親的公職身分，他在一九一六年進入「達邦蕃童教育所」受教育，一九二二年進入「嘉義尋常高等小學校」高等科尋常科就學，一九二四年進入「臺南師範學校」，一九二七年師範學校三年級返回部落協助鄒族孩童日語教育時，在日本警察的介紹之下，認識前往阿里山調查鄒族語言的蘇聯語言學者聶甫斯基（N. A. Nevskij, 1892~1937），於是在高一生擔任翻譯的情況下，《台灣鄒族語典》得以在一九三五年於莫斯科以俄文出版（中文版於一九九三年出版）。一九三〇年師範學校畢業後受派擔任「達邦蕃童教育所」教員，兼任達邦駐在所「巡查」的職務。在職期間與同為鄒族的湯川春子結婚，兩人育有矢多喜久子（高菊花）等十一名子女。

領回赴戰鄒族人骨灰　感受到被殖民的悲哀

在服務公職期間的重要事蹟包括：一九四〇年十一月與泰雅族人日野三郎（林瑞昌）前往日本參加「紀元二六〇〇年儀式」，一九四二年因反對政府徵調鄒族青年赴太平洋征戰，被駐在所主管福島處罰。一九四四年前往高雄領回赴戰的鄒族人骨灰。這兩個事件想必讓矢多一生深刻感受到被殖民者的悲哀，儘管自己可以算是當時受到高等教育的菁英，而且身為部落的「巡查」，但是在眼界與見識都比自己低下的福島「警部」專斷手段下，不僅自己受到懲罰，而且也沒有能力保護族親免受戰亂的荼毒，他的內心定然感到無力感的喟嘆吧。

一九四五年戰爭結束，當時認同中國的矢多一生改名為「高一生」（而他的妻子也改名為「高春芳」），並且主動率領族人訪問嘉義市政籌備處，申請加入「三民主義青年團」，以及協助山地部落的治安。但是這個新的殖民者並沒有如他想像般地美好，素質遠不如日本人的顢頇中國官員肆無忌憚地侵佔、掠奪與欺謊，讓原本天真的台灣人頓時陷入「從豬圈掉落糞坑」的錯愕與憤怒。

一九四七年「二二八事件」爆發，當時擔任鄉長的高一生派遣湯守仁率領鄒族青年下山維持嘉義市區治安，但眼見稍後中國援軍迅速來到大肆屠戮的情況下，決定率領族人主動投誠繳械。可能是在二二八事件期間保護逃到山上的台南縣長袁國欽的關係，高一生未遭二二八事件的株連。但是在一九五〇年時，他必須再度向國民黨政府表示效忠，並繳回二二八事件期間帶回的槍械。

隔年高一生再度率領「鄒族致敬團」到台北拜訪政府要員，並提出：實行人工造林；請求政府協助鹿林山、里佳、新美和達邦設立牧場以鼓勵山地畜產；准予先前因墾殖山田向政府機構貸款的五十萬元免付利息。「鄒族致敬團」的訴求是否受到接納情況不明，但是一九五二年高一生以「涉嫌加入『偽匪蓬萊族解放』組織」的罪名逮捕，一九五四年四月十七日在凌虐之後槍決。

叛亂罪名受難　只因能力讓國民黨畏懼

嚴格來講，高一生受到國民黨政府指控什麼罪名並不是重點，我們也不必以政府錯殺的藉口來解釋，而真正關鍵的所在，是因為高一生的能力讓國民黨懼怕，他不僅受到高等教育的栽培（兼具教員身分與治安維持能力），具有動員原住民的號召力（派遣部落青年維持治安），並且也極具先知洞見的眼光（山地造林，成立農場推動畜產），而具有這種能力的人物，極有可能會動搖國民黨箝制山地部落的效果，這才是他受難真正的原因。

對於這一個論點，我們可以從「國家安全局檔案」的〈台灣省二二八事變正法及死亡人犯名冊〉就可以看得很清楚，沒有罪名的人判死刑，有罪名的人都是莫須有的原因，其實我們可以將名單底下的所有罪名都改成「台灣人菁英」，這才是他們受難的真正原因。

〈杜鵑山〉優美的歌聲在書房的書冊間縈繞著，但是台灣人美麗家園的「杜鵑山之夢」，何時才有實現的日子呢？

本文摘自《民報文化雜誌》第三期

（二〇一四年十一月一日出版）

卑南族詞曲創作家 Baliwakes 陸森寶

劉美蓮

一九九二年七月六日，《中時》人間副刊，胡台麗教授撰文〈懷念年祭〉，介紹「原舞者」創團首演與陸森寶其人其事，許多人首次聽聞這位卑南族詞曲創作人的大名。

我去欣賞演出之前，我主編的音樂課本最後一冊即將送審，隔天我將末頁刪除，改置〈懷念年祭〉詞譜，並加照片與簡介。兩年後，我被挖角再編第二套課本，就以跨頁的篇幅介紹陸森寶。教師手冊同樣轉載胡台麗教授的文章，也補充我到台東訪問陸家人後，發表在教育廳雜誌上的報導。

陸森寶（一九一〇～一九八八）本名 Baliwakes，卑南語是「旋風」之意。他是一九二七年台東唯二考上臺南師範學校之人，另一位是他的公學校校長的兒子。Baliwakes 進入錄取率極低的「南師」，就讀時，才第一次見識到鋼琴，於是他廢寢忘食地搶鋼琴練習。

日本治台期間，皇室曾指派親王來台巡視。有一次，某位親王到南部時，南師的歡迎會上，特別安排鋼琴獨奏表演。會後，校長向親王介紹獨奏的學生：「他不是日本人、也不是漢人，他是真正的台灣人，能力比一般學生強，名字叫 Baliwakes。」

一九七一至一九七五年我就讀臺灣師大音樂系，課程九九%西化，只有一學分「國樂概論」，沒有「台灣音樂」。

教育部一九九一年開放中小學藝能科目教科書，但須根據課程標準編輯，再送請審查，過關才有執照。我的第一版課本是「台聯出版社」（非日後台聯黨），第二版是行銷冠軍的「康軒出版社」。

陸家人稱係天皇弟弟，日後有人稱係天皇叔叔，但後者是一九二七年秋，而 Baliwakes 入學南師係一九二七年四月五日，不太可能超越學長們而獲選，但若係民歌彈奏則有可能。目前有史料可查親王抵台南之日期，但無法確認 Baliwakes 係何年演奏，只能暫以「親王」帶過。因為自一九一〇至一九四一年間，皇室訪台成員共有二十七位的紀錄。

Baliwakes 在南師就讀期間（普通科五年、演習科一年），不只音樂好、學業好，運動方面也多次打破紀錄。假期還參與卑南社傳統神話調查工作，「臺北帝國大學／言語學研究室」的資料理，留有他以日本名字森寶一郎協助調查與翻譯的記錄。

得意門生楊傳廣

Baliwakes 畢業任教公學校多年後，日本戰敗，依國民政府規定改姓名陸森寶，重新學習第二式國語／北京話。一九三九年陸森寶與族人夏陸蓮結婚。一九四七年進入台東農校擔任音樂及體育老師，最傑出的學生就是亞洲鐵人楊傳廣。楊傳廣獲得一九六〇年羅馬奧運「十項全能」銀牌之前，陸森寶老師就特別寫了一首〈楊傳廣應援歌〉來為他的學生加油！

陸老師閒暇時，致力於創作卑南語新歌曲，〈頌祭祖先〉、〈卑南山〉、〈散步歌〉、〈美麗的稻穗〉、〈思故鄉〉、〈優美的普悠瑪青年〉、〈祝福歌〉、〈蘭嶼之戀〉、〈海祭〉、〈美麗的稻穗〉……，都深獲族人喜愛，部分歌曲被收錄在一九六一年「鈴鈴唱片」的《台灣山地同胞跳舞歌集》。

卑南族人大多信奉天主教，一九六〇年代，羅馬教宗宣佈：全球各地教會應致力於本土化，不用吟唱拉丁經文，可以使用自己的語言祈禱、唱歌。台東瑞士籍的賀石神父也誠心要推動聖歌卑南化，但這項工作談何容易！

戰後青少年在學校講北京話，族語都快要消失了。而全台灣教會唱的《天主教聖詠》仍然沿用古老的北京版。以〈天主經／主禱文〉為例，歌詞如下：「在天我等父者，我等願爾名見聖，爾國臨格，爾旨承行於地如於天焉。我等望爾，今日與我，我日用糧……，乃救我於兇惡，阿門！」這些經文因而被戲稱為文言文。

這套《天主教聖詠》是一九四七年在北京出版的，將拉丁文譯成北京語的是雷永明神父（Fr G. M. Allegra, 1907~1976），他是義大利人，一九三一年到北京，一九四五年被任命為「駐北京領事館神師」，並在輔仁大學教書，他的中文素養可以研讀文言文。

以卑南族語寫聖歌

《天主教聖詠》傳到全中國及香港、台灣、東南亞等華人世界。在台灣和中國不相往來的數十年間，台灣又經歷白色恐怖及長達三十八年的戒嚴統治，在台灣的神父、修女，大多不知道為《天主教聖詠》譜曲的音樂家江文也是何許人也。江文也除了創作旋律，也選用華夏歌謠如〈滿江紅〉等填詞，這樣的作風，也影響了陸森寶。

一九七一年，陸森寶皈依天主，賀石神父鼓勵他：「以族語寫的生活歌曲受到歡迎，就寫些聖歌讓教友唱吧！」陸森寶於是開始以卑南語寫聖歌。他也學習江文也，選用歐美名曲套上族語詩詞，族人欣喜情感終能自然流露。

陸森寶育有四男四女，由於孩子們經常生病，他的經濟情況始終不佳。但他的個性溫厚、篤實、謙虛又有愛心，深受尊敬。這份DNA應已遺傳給他的子女。我認識他的三子陸光朝是鋼琴調音師兼絃樂器製作修復師。么兒陸賢文擅長吉他又能創作。而次女陸素英與陳建年是金曲獎得主，稱陳建年為舅舅的紀曉君和紀家家也獲得金曲獎的肯定，他們的CD都有陸森寶的作品。

本文摘自《民報文化雜誌》第十五期（二〇一六年十一月一日出版）

音樂教育家　呂泉生

蔣理容

呂泉生先生以優秀的聲樂家、作曲家和指揮聞名，更有「台灣合唱音樂之父」、「台灣歌謠藝術化的先驅」，以及「音樂發展國民外交的拓荒者」等等美譽，他對終戰之後的台灣音樂界貢獻極大、影響極其深遠，九十二歲的一生中，「音樂」和「教育」就是他全部的生命成就，古今無人能及。

呂泉生一九一六年出生於台中縣神岡鄉。先祖是福建詔安人氏一七七一年代渡海來台，先在嘉義布袋落腳，後遷台中潭子一帶，再經豐原翁仔社，輾轉到了神岡，約一七九〇年左右在神岡三角仔開墾、定居下來。

出生於彼雲山莊接受豐美文化薰陶

呂家累積家業，成為台中顯赫又富裕的家族，詩書傳家、富而好禮，以龐大的家產推動地方文教事業不遺餘力。一八三六年呂泉生的高曾祖父呂世芳就與鄉賢共組「文英社」肩負教育地方子弟的責任；傳到其子呂炳南手中更加發揚光大，建造了台灣史上最著名的林園宅第「筱雲山莊」；山莊裡面的「筱雲軒」更是台灣最大的私人藏書庫；他重新修繕文英書院，延攬名儒來此講學。

呂炳南還曾為了書而變賣田產，可見他對藏書、教育用心之深、對中台灣文風提升、人文薈萃有很大的功勞。

生於筱雲山莊落成半世紀之後的呂泉生，並沒有恭逢祖先們的絕世風華、但畢竟家學淵源，又是個見多識廣的家族，呂泉生的童年不但無憂無慮，還接受著豐美的文化薰陶，母親對於他文具和書籍的需求總是有求必應，甚至他喜歡美麗、色彩斑斕的瓶罐、珠子等小東西也不會刻意阻止。在這樣自由自在環境下長大的呂泉生自然養成好學的態度，和對美感的品味。

家族聚會場合上台表演不怯場

二十世紀到來的時候筱雲山莊已經住著滿滿的呂家族人，一九〇六年呂泉生的祖父呂紹箕在分得了家產後便在山莊附近另築「新厝」，帶著四子一女（長子呂如苞就是呂泉生的父親）搬到新家。十多年過去，第二代也都娶妻生子，新厝又是熱鬧非凡了。呂泉生曾回憶就讀公學校（小學）時，夏天周末的晚上「大厝」的堂伯祖就在山莊中庭舉行茶話會，號召族中子弟來參加，鼓勵大家輪番上台，說故事或唱歌、或表演各種才藝、小呂泉生有很好的歌喉又不會怯場，大獲讚美，也得到鉛筆、文具之類的獎賞。有時留學的宗親伯叔回台，會在家族聚會中發表演講，據呂泉生形容：「氣氛高尚而熱烈」。

影響呂泉生幼年心靈的，還有姑姑呂雨。姑姑學業非常優異，考上彰化高女住在學寮，只有放假才能回家說故事給呂泉生聽，每次回家總不會忘記帶一本漫畫雜誌《幼年俱樂部》給他。充滿童趣的圖畫和寓言故事大大地開啟了孩子的心靈之窗。

比一般音樂家　多份對公共事務的熱心

呂泉生的音樂才華是多方面的，他能創作、能表演、能教育，但他比一般音樂家更多一分對社會的關懷和對公共事務參與的熱心。一九四二年因父親病危而結束在東京的習樂生涯，返台投入台灣民謠採集，在創作中採用台灣元素、加入創新的思維；在「山水亭」王井泉先生資助下籌組「厚生演劇研究會」擔任作曲及配樂。種種嘗試和努力，都對台灣民謠藝術性的提升有重大意義。

戰後台灣流行音樂瀰漫著濃濃的日本風，將日本流行歌填上台語歌詞、抄襲日本歌曲，呂泉生認為這不是好現象，便開始運用他主持廣播電台音樂節目的機會（一九四五～一九四九年），鼓勵歌手們創作自己的音樂，帶動台語流行歌走上一條健康永續的路。

一九五〇至一九五七年呂泉生應聘為靜修女中籌設藝術班，但因戰後流亡潮湧入台灣的影響，校舍與經費都不敷使用而作罷。隔年，他應聘到省教育會工作而辭了靜修女中專任，改為兼任教師，指導學生發展管樂隊、鼓笛樂隊，顯著的提升校內音樂風氣。

呂泉生有教育家的高瞻遠矚

一九五八至一九八六年，謝東閔先生延攬他到實踐家專，積極規劃音樂教育環境的軟體、硬體設施，呂泉生用人唯才，設立專題講座、定期舉辦學生音樂會及觀摩音樂會，甚至鼓勵女學生舉辦正當舞會、協助理性的處理人際關係，這在凡事採取壓抑手段的當年，更顯得呂泉生有教育家的高瞻遠矚。

一九五七至一九九一年戰前組織「厚生合唱團」以指揮聞名的呂泉生主張「合唱」是最基礎的音樂教育，戰後新興的合唱團蓬勃發展，辜偉甫先生提出立兒童合唱團的構想，兩人攜手展開「榮星兒童合唱團」的光輝時代，也開創台灣音樂教育的新境界。榮星合唱團招考音樂資優的兒童，除了音樂專業教育之外還著重生活教育、人格教育，對台灣音樂水準的提升和人才培養，有非常出色的成績。

呂泉生先生於二〇〇八年逝世，在台灣音樂發展史上他舉足輕重，所播下的種子如今已蔚然成蔭且開枝散葉，在全世界各個地方都有人因提起了「呂泉生老師」，互不相識的人也

出示情懷入世的愛　音樂家陳泗治

蔣理容

一九一一年出生於台北士林街三角埔的陳泗治，八十多歲的一生留下許多讚頌希望與愛的樂曲，他更注重「人格教育」、如春風化雨般，深深地影響他的學生。擔任淡江中學校長三十年間教育出很多優秀的人才、音樂家、藝術家，都是社會的棟梁。

音樂界獲極高尊崇

知名鋼琴家卓甫見教授是陳校長最優秀的學生之一，在他的著作中，為陳校長冠以「一代音樂哲人」的敬稱，充分描繪了陳泗治最真實的人格寫照。其他同輩或後輩音樂人士對陳校長也都賦以極高的尊崇。如：林衡哲推崇陳泗治是「基督徒與人文精神的典範」；馬水龍形容是「真誠與愛的音樂家」；高慈美說「陳泗治的每一首樂曲都深富感情」；呂泉生更讚嘆陳泗治是「一位偉大的完人」。

陳泗治先生十三歲以前從未接觸過西方音樂更沒有見過鋼琴，直到初中進入淡江中學，受西方宣教士吳威廉牧師娘啟蒙學琴，從此醉心西方古典樂。一九三〇年進入台北神學校（今之台灣神學院）就讀，師事傑出音樂教育家德明利姑娘。從吳威廉牧師娘到亦師亦友、如家人般情誼的德明利姑娘，為陳泗治奠定了紮實的音樂理論與鋼琴基礎，更加以宗教情懷與音樂教育為其生命的全部。

師事德姑娘情誼如家人

一九三四年，從台灣神學院畢業赴日本東京神學大學就讀，師事木岡英三郎學習作曲。陳泗治在中學時代就曾與同學組團到台南旅行演奏，他必定是很早就有以音樂來宣教的理想，藉著音樂演奏傳播愛與希望的信念。因此在他留學第一年的暑假就偕同在日留學生組成「鄉土訪問音樂團」回台，以學生們的音樂成就回饋鄉土，在各地舉辦了七場演奏會，場場爆滿。這不但是第一次台灣音樂人才大集合，也在全台各地遍灑音樂的種子，在台灣音樂史上極具意義。

次年，台灣發生新竹台中大地震，造成嚴重的傷亡和損害，這些留學生再度返台投入賑災義演，以音樂撫慰家鄉的傷痛。團員包括江文也、高慈美、林秋錦、柯明珠、林澄沐、林進生、翁榮茂、李金土以及陳泗治，這些成員幾乎都在台灣樂壇中具有舉足輕重的地位。

從日返台活躍樂壇

日本統治台灣之時，正是最積極追求近代化的時代，日本人為了培育師資而創立師範學校，其中音樂是必修課程，西式的音樂教育包括樂理、歌曲、鍵盤樂器等，對音樂有天分或有興趣的學生往往會前往日本進修。陳泗治在學成回台後即活躍於樂壇，一九四二年，他將雙連、萬華、大稻埕三個教會的詩班組成「三一聖詠隊」在中山堂演唱國人創作的清唱劇《上帝的羔羊》，陳泗治親自指揮，音樂水準不凡，大放異彩，令日本人刮目相看。

終戰次年，即二二八發生的前一年，日本終止統治而中國國民黨尚未敗（於共產黨）逃來台灣，有耆老描述道：「在中山堂有陳泗治指揮〈哈利路亞〉大合唱，好振奮人心，好偉大的音樂！安可曲子是一位名叫柴田的日本兵獨唱舒伯特的〈魔王〉，陳泗治的鋼琴伴奏讓大家都大大地震撼了！音樂會散場後，路上的人不管是日本人還是台灣人都一齊唱起義大利歌曲〈啊！我的太陽〉，大家都興奮得不得了，覺得和平真好！沒有戰爭了，真好！」

「光復」後，陳泗治應邀創作〈台灣光復紀念歌〉這首歌也受到加拿大教育部的重視而收入該國的小學音樂課歌曲。陳泗治於一九五七年為了創作上更高的層次而再赴加拿大，隨Dr. Oskar Morawetz 學習。

淡泊名位為學生籌獎學金

與陳泗治同時期的前輩音樂家都充滿台灣人的氣質，也因受日本教育的影響而具有謙恭有禮及歐美的紳士風度，尤其，陳泗治可說是人格上接近完美的人，創作、教育、編撰與寫作都孜孜不倦，擔任校長時不但自己淡泊名位、以校為家，更為經濟狀況不好的學生籌獎學金或資助生活費，退休後赴美定居，還將學校給的退休金全額退回。晚年生活在美國但心靈上一刻也沒有離開台灣。

陳泗治的作品不僅是台灣的珍寶，在國際上也享有尊榮，他的全部作品被收錄於名鋼琴家 Dr. Maurice Hinson 的著作 Guide to the Pianist's Repertoire《鋼琴家演奏曲目指引》，與貝多芬、蕭邦等名家的作品並列。他篤信西方樂器之王的鋼琴可以表現東方音樂及台灣鄉土音樂的特質，這就是他作品中的精髓，自有一股強烈而濃厚的屬於台灣音樂的色彩，滋潤、撫育著這片土地上的生靈。

本文摘自《民報文化雜誌》第十期
（二〇一六年一月一日出版）

山海間的思念〈回憶〉郭子究

蔣理容

音樂教育家郭子究一九一九年生於屏東縣新園鄉，「成名」及終老於花蓮，尤其以知名藝術歌曲〈回憶〉傳世，不只花蓮人認同他是花蓮人，普羅大眾也多半以為他是花蓮人。

郭子究先生與早年台灣的音樂家有著截然不同的經歷，因為家境貧困，從四歲起就須分擔撿柴、放牛和下田的工作，真正的學歷僅有國小畢業，所幸父母篤信基督教，帶他出入教會、受到教義與音樂的薰陶，教會的唱詩班自然而然地就是他的音樂啟蒙老師了。十六歲時憑自己的力量購置一把吉他，也把握機會練習教堂裡的樂器，無師自通地學會了豎笛、小喇叭等等樂器。

一九三七年，日本的「太陽新劇團」來到台灣巡迴演出，到了屏東東港，十八歲不到的郭子究初見小提琴、薩氏管等西洋樂器，驚為天籟！當下決定隨團當個打雜的小廝以便親近音樂。工作之餘他努力地自修演奏和編曲技巧，也幫樂團寫作一些宣傳劇，沒想到受到坊間大眾的歡迎。

跟著樂團南北奔波了三年，奠定了他扎實的音樂基礎，演奏拿手樂器更是多元化。二十二歲時他參加日本政府舉辦的「新台灣音樂講習會」，獲得認證成為正式的音樂老師。

一九四二年十月，郭子究浪跡來到後山花蓮結識了企業家林佳興，林先生成立一個「花蓮港音樂研究會」聘請他為音樂老師，這改變了郭子究的一生。他在花蓮定居下來，寫曲、教音樂，也編寫音樂教材。

有一次為了講解「附點音符」，他在黑板隨手寫了一段旋律讓學生練習，大家覺得優美悅耳，他便加以潤飾，作成一首完整的歌曲。唱著、唱著，想起自小離家，思親之情不禁油然而升，便以日文題名為〈回憶〉，起初並無歌詞，首次發表時是以三絃、揚琴、小提琴、手風琴、鋼琴、吉他等中西樂器合奏，在「花蓮港音樂研究會」舉辦的第二回藝能演奏會上演出。時為一九四四年，應該算是〈回憶〉的台灣首演了。

二戰結束後，國民政府為宣揚新政需要師資，便破格任用郭子究為花蓮中學代課教員，教唱〈國歌〉。只有小學資歷的他，非常努力自修，通過檢定考試成為正式教師，更堅守教育崗位、春風化雨，直到從花蓮中學退休後也仍然創作、教學，一刻也不停歇。

一九四八年，郭子究邀請同在花蓮中學任教的陳崑老師為〈回憶〉這首譜子填詞。

春朝一去花亂飛　又是佳節人不歸
記得當年楊柳青　長征別離時
連珠淚　和針黹　繡征衣

繡出同心花一朵　忘了問歸期

國學根基深厚的陳崑老師將曲子前段寫成一首古典情詩，配合旋律的起伏轉折，更顯離情依依、思念難了。又隔十七年，一九六五年時郭子究為了學校合唱團練習，再將此曲編成四部合唱，後奏的部分邀請聲樂家呂佩琳老師依前段意境繼續填詞。

思歸期　憶歸期　往事多少　盡在春歸夢裡
往事多少　往事多少　在春歸夢裡
幾度花飛楊柳青　征人何時歸

後段呼應前文，更加深了濃情綿延不盡，主題旋律在四個聲部中接續穿梭——思歸期、憶歸期，幾度花飛楊柳青，征人何時歸？傳唱中，那略帶歌仔調幽怨的旋律，與古典雕琢的文字竟有著異調的和諧！

四〇、五〇年代的台灣，本土老師們不能用熟悉的日語和母語授課，而從中國移居來台的外省籍老師們，絕大多數與本地師生相處融洽，他們帶來新鮮的文化活力，從事翻譯、作曲、填詞上都有頗多佳作，在這太平洋一隅的蕞爾小島上與本土文化相容並蓄，發展出新的生命。

一九九六年，年輕的詩人陳黎回溯他的花蓮中學音樂老師郭子究的一生足跡，追尋歌曲源頭。陳黎本著詩人細緻的心思，和他譯作無數的文字涵養，為這首〈回憶〉填寫台語歌詞。原味的音，重現了這首歌曲在地的情，從此，這首五十年來堪稱「傳奇」的歌曲譜下了圓滿的終止式。

美麗春天花蕊若開　乎阮想起伊
思念親像點點水露　風吹才知輕
放袂離　夢中的樹影黑重
青春美夢　何時會當　輕鬆來還阮
思念伊　夢見伊　往事如影飛來阮的身邊
往事如影　往事如影　飛來阮的身邊
心愛的人　你知叨位　怎樣找唔你

隨著花蓮的學生習唱，這首〈回憶〉輾轉流傳海外。每當遊子的鄉愁揮之不去，少年時期熟悉的歌便成為思鄉之苦的解藥良方，在留學生團體、鄉親聚會中傳唱開來，成為永恆的「思念之歌」。花蓮文藝界年年舉辦以郭子究作品為主題的音樂會與研討會，如一九九二年的「回憶—郭子究音樂創作回顧展」，一九九六年出版《共鳴的回憶—郭子究手稿作品集》

以及《郭子究合唱曲集》，收錄了國語、台語、日語和阿美族語曲目，還有五十年來學生視譜教材所唱的 LaLaLaLa，譜成多彩多姿的山與海的歡喜之歌。

那一年高齡七十七歲的郭子究老師在花蓮市「全國文藝季」中，榮耀地接受來自四面八方的尊崇，無論識或不識，喜愛這首歌的人們都會從這位平凡的音樂老師身上，看見不平凡的人生意境。

一九九八年，正打算歡度八十歲生日之際卻突然中風倒下，與病魔搏鬥了十一個月，於一九九九年五月與世長辭。郭老師有一女二子，皆繼承其衣缽，是國內知名音樂教授。留下豐富的音樂資產，對一位音樂教育工作者而言，應是了無遺憾的一生。

本文摘自《民報文化雜誌》第十四期
（二〇一六年九月一日出版）

穿著紅鞋的音樂人生——郭芝苑

蔣理容

誠如安徒生童話《紅舞鞋》，故事中的主角身受紅鞋魅力吸引，矢志舞蹈、至死方休的決心一樣。我從少年時代為音樂覺醒以來，到今天一直熱愛古典音樂的創作，我完全無法脫離音樂而生活，可說是穿著紅鞋的人生。

——郭芝苑一九九八年出版自傳《在野的紅薔薇》一書自序

郭芝苑的祖先從福建同安縣貧瘠的農村移居台灣，經過六代的辛勤耕耘，生活逐漸安定富裕，發展成顯赫的大家族。一九二一年台灣「新文化運動」啟蒙的年代，郭芝苑誕生在苗栗縣苑裡鎮，郭家這個具有高尚文化層次的家庭，讓他比一般小孩更早接觸到西方文化，優渥的環境讓他無後顧之憂地追求自己的音樂理想，中學畢業後他就負笈日本，大學時在音樂系作曲科就讀。

自稱是失聲的一代

郭芝苑一生跨越日本殖民中期台灣的黃金時代，和日本統治末期台灣文化備受壓迫的時代。直到戰後，由於郭芝苑不諳中文，只講台語和日語，不適應中國人的習慣、大環境和作風，只有短暫活躍於戰後初期的台灣樂壇，稍後即遠離音樂舞台，隱身鄉野，專心創作。他具有高學歷文憑，卻也沒能到大學擔任教職。統治者的語言政策下，郭芝苑寫作的藝術歌曲往往只能用「國語」發表，他常常不諱言自己是「失聲的一代」。

郭芝苑秉持「本土性就是世界性，民族性就是國際性」的認知，譜寫雅俗共賞的歌曲，他二十二歲在日本求學時就接觸多位現代民族音樂派的作曲家，其中包括台灣留日的江文也，算是同世代音樂家中，少數融合古典與現代音樂的先驅人物。當江文也回歸其心目中的祖國中國後，當時台灣音樂界深具管弦樂作曲能力者，就只有郭芝苑。

一九五九年，史惟亮從法國返台，帶回現代音樂的一股清流，以當代最新的作曲技法，展開一連串的現代音樂運動。郭芝苑看到史惟亮憑一己之力，促使樂壇呈現新風貌，如獲知音，更勤奮創作不輟，繼續推出〈台灣古樂幻想曲〉、〈村舞〉、〈東方舞〉和〈鋼琴奏鳴曲〉等。郭芝苑更在一九六七年以四十六歲高齡再度赴日，考上東京藝術大學音樂學部作曲科研習。

省交十四年，潛心作曲

一九七三年郭芝苑接受史惟亮的邀請，進入「台灣省交響樂團」研究部，專職作曲及編曲，以及撰寫曲目解說等等。在省交團專注工作十四年，郭芝苑曾於半自傳體的音樂手札一書中自述，史團長曾邀請他擔任研究部主任一職，但因自認為沒有受過中國教育，又不諳行政事務而婉拒，他衷心覺得只要能在研究部作曲、研究以及能發表作品，已是相當心滿意足了。

看似平淡無華的一生，郭芝苑其實創造許多「台灣第一」的紀錄：

一九五五年台灣省交響樂團首次演出台灣作曲家的管弦樂作品，郭芝苑的〈台灣土風交響變奏曲〉在中山堂首演，由王錫奇指揮。隔年一九五六，這首曲子在台北市與美國印地安納波里斯市締盟的儀式音樂會中演出，是美國人首次聽到來自台灣的聲音。

一九七四年李泰祥指揮、簡若芬彈奏演出〈小協奏曲——為鋼琴與弦樂隊〉，這是台灣音樂史上第一首鋼琴協奏曲。

一九七七年，陳秋盛指揮省立交響樂團訪問韓國，與釜山交響樂團合演郭芝苑《民俗組曲》，是韓國人第一次聽到台灣作品。

一九八五年，台灣歌劇首征法國，郭聯昌指揮國際管弦樂團，在夏隆桐劇院演出全本《牛郎織女》。

郭芝苑於二〇一三年四月十二日病逝於苗栗縣苑裡鎮老家，享壽九十二歲，他孜孜不倦、辛勤作曲的一生，得獎殊榮無數：

一九八七年，以〈小協奏曲——為鋼琴與弦樂器〉獲金鼎獎作曲獎。

一九九三年，獲頒「吳三連獎」音樂類藝術獎。

一九九四年，獲頒舊制第十九屆國家文藝獎，得獎作品《交響組曲「天人師」》。

一九九九年，獲頒「台灣文化榮譽博士」學位。

一九九九年，歌劇《許仙與白娘娘》於台北市立社會教育館首演。

二〇〇〇年，於台北市立社會教育館發表《台灣吉慶序曲》。

二〇〇一年，十二月，靜宜大學授予名譽博士學位表彰他對台灣民族音樂的貢獻。

二〇〇二年，獲頒第十三屆金曲獎終身特別貢獻獎。

二〇〇六年，獲頒第十屆國家文藝獎。同年又獲頒行政院文化獎。

致力推廣台語藝術歌曲

平澹自持、不求名利的郭芝苑曾驕傲地說：「我的作品就是我的地位。」但是，講起郭芝苑在音樂上的成就，不能不提到留學紐約歸國的苗栗同鄉聲樂家阮文池。

他們相識於九〇年代之後，阮文池深感以台灣文化背景作為創作元素的郭芝苑孤單行走在音樂國度裡，乃決定追隨前輩，致力推廣台語藝術歌曲，兩人一起創辦「郭芝苑室內合唱團」，約定每週五晚上在阮文池家中練唱。台灣生態協會理事長鍾丁茂教授也是合唱團重要成員，他曾以〈拜五暗時〉台語詩，生動描述合唱團員練唱時凝聚的熱忱。

因為阮文池這位具有強烈使命感的聲樂教授（或說「草根音樂工作者」）的知遇，郭芝苑再度找到創作動力，晚年回歸到歌樂的寫作，以最熟悉的母語——台語——來譜曲，這是他過去想做而未完成的工作。這些台語歌詞來源多是與生活背景、人民情感或社會現象相關，是台灣的生活寫照，讓音樂更貼近人民的生活，更增添對台灣這塊土地的認同。

阮文池的家不僅充當合唱團訓練場所，每逢假日經常高朋滿座，眾多好友喜歡在這裡談音樂藝術、環保、哲學、時事，往往也爭論得面紅耳赤，他們形容這裡是「台灣文化的據點」！而合唱團更在阮文池指導下，一群非專業的歐吉桑與歐巴桑竟然也唱出了非常專業的水準，常常征戰海內外，傳播著台灣歌樂之美。

郭芝苑前輩終生以創作音樂為職志，默默耕耘，也影響了晚輩知音，接續他的腳步，在台灣音樂史上留下動人的功績和成就。

本文摘自《民報文化雜誌》第十七期
（二〇一七年三月一日出版）

傳統與創新　李泰祥的音樂生命

蔣理容

李泰祥（一九四一年二月二十日～二〇一四年一月二日），是一位天才洋溢的作曲家，他受過扎實的西方古典音樂訓練，更致力將古典音樂通俗化，因此他的作品能跨越古典與流行，在七〇年代的台灣引領樂壇，不但在學術圈中獨樹一格，同時也影響了廣大的平民擁抱殿堂音樂。

「習樂」與「從樂」之路

父母親是阿美族原住民，李泰祥出生於台東市馬蘭部落，幼時家貧，但勤奮好學的父親深知唯有教育能脫離貧困，而毅然舉家遷往台北，尋求較好的環境。有一傳言說這位父親為了安撫孩子在長途車上的不耐，丟了一本畫冊給他，沒想到這孩子深受畫冊吸引，成了他美術課的啟蒙！

李泰祥陸續讀過螢橋國小、國語實小、福星國小，都嶄露出美術天分，更由於林福裕老師的啟發，而領略音樂的魅力。升上初中以後開始接觸小提琴，音樂才能更加迸發光彩。一九五六年李泰祥考上國立藝專美術印刷科，旋即轉入音樂科主修小提琴。就在許常惠老師從法國學成歸國之際，李泰祥立定志向一生要走音樂創作的路。

個性自由不羈的李泰祥只有在一九六六至一九六八年間安分地在家鄉省立台東女中與卑南中學從事教學與創作，舉辦第一屆「新民風音樂會」，發表他改編自山地民歌與福佬民歌為合唱曲與室內樂曲。一九七〇年他又再度回到台北，和許常惠、陳茂萱等人一起研究學院派的現代音樂，一九七一年和許博允在中山堂舉行「七一樂展」發表會。

他的作品逐漸受到國際矚目，接二連三獲致肯定，也為他帶來「洛克斐勒基金會」與「美國國務院」兩個訪問學者獎學金。一九七三年李泰祥背起行囊開始一年的訪問學習之旅。分析李泰祥此時期作品，可以看出這一段行旅對他的創作風格有著深刻的影響。

變奏的樂章

訪問學者的學程結束後，李泰祥進入「台灣省交響樂團」擔任指揮，然而指揮終究不符他的志趣，此番任職並不順遂。這時候，台灣社會正處於本土自覺呼之欲出、重建社會風氣的氛圍蓄勢欲動的階段，李泰祥也正決心以改革通俗音樂為職志，重新思索、探討「傳統」與「創新」的議題。

他一方面決心擁抱人群、提升流行音樂的層次，一方面又從未放棄嚴肅音樂的學術根基，一九七六年首創「傳統與展望」，開啟了他實踐這兩項抱負的行動，而且勇往直前，連續舉辦了六屆傳統與展望。與雲門舞集結緣後，為舞團創作的《吳鳳》、《薪傳》也無不充滿了實驗性，卻又深受喜愛、膾炙人口。

一九七九年，他認識了導演屠忠訓和歌手齊豫，是他生命的大轉捩點。直到一九八五年間他大量創作廣告歌、電影配樂和流行歌，曾以《名劍風流》奪下最佳原作音樂金馬獎。但對於他的本行——嚴肅音樂的創作，卻也絲毫不懈怠，《太虛吟》、《氣、斷、流》、《生民》、《幻境三章》等，都是這時期完成的作品，質與量都是他一生創作的巔峰。

慢板樂章與終曲

四十年的創作生涯，就像源源不絕的甘泉，李泰祥的創作極多，從規模來看，完整編制的交響樂、舞劇、歌劇到小型的室內樂；從創作技巧來看，不但有浪漫派、印象派的思維，也有無調性甚至電子音樂；風格上更是無從定類，最嚴肅的藝術音樂到最通俗的民歌與流行音樂都可以自由進入，毫無障礙。

一九九七年李泰祥獲得「吳三連藝術獎」音樂事業正是顛峰之時，卻不幸罹患了帕金森氏症，生活步調不得不轉為「慢板」。但他沒有被病魔擊倒，生病以後，他在音樂創作上的難度增加了好幾倍，為了訓練肌肉的穩定，減緩惡化的速度，李泰祥學著寫書法，牆上貼的習作，一筆一畫之間，都是他對抗病魔的痕跡。

李泰祥的〈橄欖樹〉、〈一條日光大道〉、〈告別〉……幾乎是七〇年代年輕人的集體記憶，也可說是「全民的情歌」。在與病魔纏鬥的近二十年後，二〇一四年元旦過一天，大師在睡夢中辭世，好似應驗了〈告別〉歌詞中所唱的：「在這燈火輝煌的夜裡……就這樣沉沉的睡去，淚流到夢裡，醒了不再想起。」

李泰祥曾在一篇雜誌訪談告訴訪問者說：「我想，我能夠終身投入我所喜愛的音樂事業，是一種恩典，我希望能源源不斷、一直持續……」的確，創作力旺盛的李泰祥成就了華語樂壇的經典作品，造就了在樂壇地位屹立不搖的歌手，也留給樂迷們無限的思念。

本文摘自《民報文化雜誌》第十五期（二〇一六年十一月一日出版）

馬水龍（一九三九～二〇一五）——用音樂走過歷史

顏綠芬

二月我們才痛失蕭泰然（一九三八年一月一日～二〇一五年二月二十四日），五月初，音樂家馬水龍教授竟也走了（五月二日過世，五月十一日公開訊息）！不捨，哀傷，慟！

蕭泰然旅美三十多年，寫了許多虔誠、典雅的教會音樂，以優美的台語藝術歌曲和音樂史詩《一九四七序曲》感動了無數民眾；馬水龍出身基隆，留德三年，一生都奉獻給台灣，他用音樂走過台灣歷史半世紀。

經過戰爭、痛失慈父的成長過程

馬水龍出生於一九三九年七月十七日，父親許阿枝是兼治療傷科、骨科的傳統漢藥仙。馬水龍幼年正值二戰如火如荼，他隨家人避居九份數年。一九四七年二二八事件，雖年幼，也見證了基隆港口的血腥。高二時因父親過世而中輟學業，為擔負家計考上基隆的「台肥一廠」，擔任繪圖工作。遇到曾讀師範學校的李哲洋，啟發了他的音樂潛能。十九歲時決定走向音樂之路，靠自修考上國立藝專音樂科，主修作曲，受教於蕭而化、許常惠等人。為了學業和家計，他由日班轉到夜班，來回於基隆的工廠與板橋的藝專之間，日以繼夜地奔忙苦讀，於一九六四年畢業。當兵時，因猛爆性肝炎，差點丟了性命。這應該是源於五年藝專期間，工作、學業兩頭燒的過度操勞。

充滿台灣風情的鋼琴曲《雨港素描》

馬水龍初期的作品即顯現出他過人的音樂才華，鋼琴曲《台灣組曲》、《雨港素描》充滿了台灣風情，尤其後者，數十年來不斷的被演奏著，四個樂章〈雨〉、〈雨港夜景〉、〈拾貝殼的少女〉、〈廟口〉，是描寫在基隆雨港的生活印象和回憶，音樂中有雨聲、海濤聲、藍天、碧海、奇岩、細浪，不僅喚起許多人兒時的記憶與夢幻，也描繪了台灣青年成長時的愛情憧憬、基隆廟口的喧嘩熱鬧。馬水龍三十三歲才出國進修，主要是他事母極孝，不忍為了自己理想讓母親獨居，因此在和鋼琴家許子珍小姐結婚，有媳婦陪伴寡母，並得到全額獎學金後，他才無後顧之憂的飛向德國。

留德期間的文化衝擊

一九七二至一九七五年在德國雷根斯堡的留學生涯，讓馬水龍受到很多文化衝擊。有一次，一位傑出的韓國小提琴家到慕尼黑演奏德國三B（巴赫、貝多芬、布拉姆斯）。他聽到德國的音樂院教授說：「德國曲目他演奏得相當好，但這樣水準的小提琴家我們這裡很多。其實，我們很希望聽聽東方的音樂。」然後說：「我們德國人一直以來都在發揚推廣德國音樂家的音樂，而你們亞洲人好像也是。」這番話激起了馬水龍的民族自信心，他思考著自己音樂文化的未來，想到國人的自卑和媚洋、崇洋，就很痛心。於是越加堅定要走自己的路，不要一味模仿西方人，或成為只會演奏、發揚西方音樂文化的演奏家。私下裡他常說：「我們花那麼多力氣，培養一些假洋鬼子幹嘛？」、「先有民族性才能成為世界性。」馬水龍體會到，十七世紀是義大利歌劇的天下，為何從十八世紀音樂重心轉到了德國？因為巴赫，先是從義大利音樂學習了很多，但是他融會貫通後，先創作了德國風格的音樂，然後才能成為世界性。匈牙利的巴爾托克出生於奧匈帝國，是個有文化觀的作曲家，初時受德奧霸權影響，之後他的音樂語言吸收匈牙利民間音樂養分，並納入了附近國家、地區豐富的民間音樂，「感動」是創作的泉源。巴爾托克最後成為舉世聞名、影響後世甚鉅的作曲家。

如何走出自己的路？文化發展和歸屬，一直是馬水龍關切的問題，不僅是自己的理念和行動，更在往後的音樂教育上積極投入。

走過戒嚴、深化傳統，《廖添丁》舞劇音樂正義凜然

馬水龍回台後，正是台灣藝術界尋求現代化，而民族主義高漲時期，他與舞蹈界合作，創作出《孔雀東南飛》、《廖添丁》、《竇娥冤》等舞劇音樂；他也突破了西樂界與「國樂界」老死不相往來的藩籬，以身受西樂訓練的背景為傳統樂器寫曲，如《盼》（十件傳統樂器的室內樂）、《清明》（梆笛、風鑼與混聲合唱）、《水龍吟》（琵琶獨奏曲）；或在管弦樂合奏曲中加入戲曲鑼鼓等，如《玩燈》（管弦樂曲）。他的所有創作，幾乎都是來自台灣土地上的文化氛圍，民俗節慶、民間傳說、戲曲唱腔等，以《廖添丁》舞劇音樂（雲門舞集林懷民委託，一九七九年）為例，由於台灣人經常傳頌日本時代劫富濟貧的義賊廖添丁的故事，馬水龍自幼耳濡目染，本就充滿好奇，受委託後，他曾到淡水八里鄉的「漢民祠」，也就是廖添丁的葬身之處尋求靈感。第一次毫無所獲，失望而歸；第二次找到了一個牌坊「漢之民也」，和一個藏在蘆葦叢中的石碑「神出鬼沒廖添丁」，大受激發而靈感泉湧。

這部大作品共分為〈序曲〉以及〈大稻埕夜巷〉、〈日人宅第〉、〈霞海城隍廟會〉、〈淡水河畔〉、〈遇難〉等五幕（樂章），舞劇因為龐雜，之後幾乎不再演出，馬水龍的音樂則是成功而受喜愛，多半就以音樂會形式演出。這部作品運用了五聲音階，和鑼鼓、簫、

笛、大廣弦（歌仔戲伴奏裡的中音胡琴樂器）等戲曲樂器和效果，是一首老少咸宜，充滿戲劇性的音樂。

馬水龍的另一首名作《梆笛協奏曲》（一九八一），讓他躍上世界舞台，歷久不衰。這首結合梆笛（傳統樂器）和西方管弦樂團的協奏曲，在一九八〇至九〇年代開創了一個新的里程碑。由於其序奏改編為中廣台聲音樂，輝煌而振奮人心，幾乎所有聽廣播的人都耳熟能詳。其樂曲解說中：「梆笛具有清麗、優雅、細緻、活潑的特色與明亮的音質，符合所謂的絲竹之美，能確切地表達出江南煙雨朦朧詩情，也能展現平原山川遼闊、壯碩的氣勢。」我曾問他：「老師您沒去過江南，只是想像吧，實際的經驗是不是應該是小時候在九份的體驗呢？」他給我的答案是肯定的。我並取得他的同意，在講課時，將「江南」轉換成「九份」解說。的確，在戒嚴時期，文化的中國理念被強化著，大家都不自覺地將一些想像跟中國連結。

音樂與繪畫的感通與啟示

走過民族主義，馬水龍更進一步深化他的創作。他在哲學、文學、美學、傳統音樂文獻各方面，涉及廣泛，繪畫、書法、寫作他也下過極大功夫，尤其在繪畫上。他說：「我自幼喜愛繪畫與音樂。爾後，雖然選擇了音樂為終身志業，但對繪畫的興趣狂熱始終有增無減。

在已完成的音樂作品中，有幾首均與繪畫有著密切的關係。我認為，所有的藝術創作，雖因使用的素材不同或其表現的技法相異，但最終所要呈現的藝術本質，應是殊途同歸。」他嘗試建立音樂與繪畫的關聯，代表作有《意與象》（簫與四支大提琴）、《水墨畫之冥想》（九把大提琴）等。

表現在音樂中的豪情與俠義

九〇年代初，他擔任國立藝術學院（今臺北藝術大學）院長，是當時唯一非國民黨籍的公立大學校長。他一生公正無私，嫉惡如仇，豪氣與俠義表現在作品中，除了《廖添丁》外，《竇娥冤》、《霸王虞姬》都在為世間的不公不義、歷史扭曲發出不平之聲。二〇〇〇年，他為台灣政權和平轉移，寫下了《天佑吾土福爾摩沙》（在陳水扁總統就職典禮上演出）。在登上玉山之後，又受到李魁賢詩作的觸動，他創作了晚年的力作《無形的神殿》（二〇〇六年），三個樂章（夜晝排雲、日出、祭神），曲中有原住民歌謠的吟唱，有氣勢磅礴的管弦樂，將玉山的險峻、山中的禪機、面對大自然的謙卑，一一描繪出來，堪稱台灣音樂中的瑰寶。

為藝術教育鞠躬盡瘁

馬水龍的音樂作品充滿了洋溢的才華，早已躋身國際，但他為了文化的自主性，寧可犧牲自己創作的時間精力，不辭辛苦地傳播「重視傳統文化」的理念，並落實於教育行政；當年，他早已升等教授，但為了藝術生態，他努力不懈，親寫說帖，說服教育部、各界學者，千辛萬苦下，成功推動藝術教師升等得以用表演、創作、設計等成就。他在藝術教育的貢獻還有很多，實無法在此一一敘述。

作為一個藝術家，馬水龍有他的執著和個性，但他從不口出惡言；他為教育、為鄉土奉獻，任勞任怨。他心胸寬大、慷慨待人，為經濟有困難的學生掏腰包，從不提起；他獲得的資源，總是與大家分享，連批評他、扯他後腿的同儕，他也不排擠。他的學者風範、長者氣度、藝術家氣質，在在是台灣人的驕傲。

到了人生盡頭，馬水龍仍舊掛念著台灣的政治、社會、藝術教育的未來。他的過世，不僅是臺北藝大痛失導師、音樂界痛失英才，更是台灣藝術文化界痛失典範。嗚呼哀哉！

本文摘自《民報》網站

（二〇一五年五月十五日出版）

蕭泰然的老師、台灣國寶級鋼琴家　李富美教授

陳義雄

編按：本文取材自陳義雄先生臉書文章，謹此致謝。

二〇一二年元月，拙著《歷史名琴與名家——鋼琴篇》出書時，獻呈敬仰的音樂前輩雅正之心意油然而生。敦促催生我新書的蔣理容（蔣渭水文化基金會副執行長）提醒我耄耋高齡，對台灣樂教貢獻卓著的李富美教授是我該敬贈的第一位。

李富美教授出身新北市蘆洲書香世家，一九三二年六月七日誕生在文化藝術傳統濃郁的台北大稻埕永樂町。環境氛圍薰陶了高尚的氣宇。自幼學習鋼琴，由日籍陳仁愛女士啟蒙。進入北一女中初中部就讀後，師事國內鋼琴巨擘張彩湘教授。青少年時期曾獲得台灣文化協進會第二屆全台音樂比賽鋼琴組第二名，其後並舉行個人獨奏會。

一九五三年赴日本，進入武藏野音樂大學音樂科就讀。旅日期間師事島村千枝子、井口基成以及世界著名的鋼琴家柯漢斯基（Leonid Kochanski）（註）等教授，以優異成績膺選在山葉音樂廳演奏，並且留校繼續音樂專攻科學業。一九五八年學成歸國後，進入省立臺灣師

範學院（今「國立臺灣師範大學」）音樂系任教。

終戰後的一九五〇、六〇年代的台灣，尚處於接受美援的貧窮境地，經濟力的薄弱，使音樂藝術無力成長、發展，音樂園地一片荒蕪，是水準低落，人才荒的所謂「音樂沙漠」時代。李富美老師一身獨秀的精湛琴藝備受音樂界倚重，擔綱演出許多當時最重要的音樂會，創下了許多影響台灣樂壇相當深遠的歷史紀錄，茲論述於下：

一、於「美國之音電台」（一九五九年七月二十日）、台北市中山堂「許常惠室內樂作品發表會」（一九六〇年六月十四日），首演許常惠現代風格作品，為台灣史上首位演奏詮釋現代風格音樂作品的鋼琴家。

二、台灣最早組設「鋼琴二重奏」的音樂家，一九六〇年十月二日在省立師範大學大禮堂舉行「李富美・呂秀美鋼琴二重奏」第一場演出。某報記者報導稱魏樂富和葉綠娜最早組設鋼琴二重奏是錯誤的。

三、李富美教授是台灣史上第一位為世界著名的演奏家伴奏的鋼琴家。一九六二年瑞士小提琴家布雷茲・卡楠（Blaise Calnan）環球巡演，與各地管絃樂團或鋼琴家合作搭檔演出。處於缺乏優秀人才的台灣，誰夠格來搭檔演出是頗令人費思量的。然而，音樂會的承辦者江良規博士和夫人周崇淑教授（師大音樂系鋼琴教授）對音樂界人才瞭若指掌，毫不猶豫地就邀約了李富美老師，李老師的美好搭配演出也博得卡楠的讚美。

四、李富美教授是貝多芬的《皇帝》鋼琴協奏曲在台灣的首演者。一九六二年應戴粹倫團長邀請，在其指揮台灣省教育廳交響樂團（今「國立臺灣交響樂團」）協奏下，九月十五日在台北市國際學舍精彩演出。其後又巡迴各地演出。

五、應禮請為台灣史上第一位國際聲樂大賽（第十屆法國土魯斯國際聲樂大賽）金牌（冠軍）載譽歸國演唱的女高音孫少茹演唱會（一九六四年二月二十七日、三月七日，國際學舍）伴奏。

六、再度獲得台灣史上第一家音樂經紀機構「遠東音樂社」創辦人江良規博士禮邀，擔任台灣史上第一位享譽國際的義大利男高音歌唱家殷芬帝諾（Luigi Infantino）訪台演唱會之伴奏者。兩位名家的絕佳搭配精彩演出，轟動全國，導致 Infantino 結束日本演出返歐洲途中，順道再度來台，兩人一起合作再度演出。

李富美教授是昔日台灣樂壇最重要，最活躍的「首席鋼琴演奏家」，其豐富的經驗以及和世界名家合作搭檔演出的心得，也成為她在教學上獨具的特色。

李富美教授的教學，強調紮實的練習，嚴格卻不嚴厲，尊重學生的個人特質與發展，給予學生極大的發展空間。在課堂上，李教授總是隨時準備筆記本，詳實記載每一位學生的學習進度與發展，以最嚴謹、最慎重的態度來看待每一位學生的教學。除了任教近四十年的臺師大音樂系外，也指導師大附中、仁愛國中、以及古亭國小音樂班等校，作育英才無數。現今許多國內外知名的鋼琴家與音樂教育家，除了在師大任教的梅明慧、董學渝、王穎、林公欽、溫秋菊、吳舜文等教授外，門生也包括多所大專院校音樂系教授，如：周理俐、彭聖錦、黃芳吟、郭亮吟、呂景民等。此外，知名作曲家蕭泰然、張炫文、周鑫泉等，在師大音樂系就學期間也是李教授的主修學生。她親手調教的女兒吳佩蓉，也是卓越的教授。

感懷李教授對於台灣的鋼琴教育及音樂界著有深遠的影響與貢獻，謹就所知記述，以表敬意。敬祝李富美教授生日平安、喜樂！

註：Leonid Kochanski 是波蘭籍享譽國際的鋼琴家，其兄長 Paul Kochanski 是二十世紀小提琴巨擘（請參閱拙作《歷史名琴與名家——提琴篇》下冊《妖魔提琴與死神之弓的傳奇》頁一六四〈名琴柯漢斯基失竊的故事〉）。兩兄弟於一九二三至一九二四年搭檔旅遊環球演出。Leonid Kochanski 一九二五年赴日，滯留至一九三一年，任東京音樂學院教授。一九三一年返歐洲，以法國為中心活動扵音樂界。一九五三年再度來日本，執教扵武藏野音樂大學，一九六六年返歐洲。

本文摘自《民報》網站

（二〇一六年六月二十八日出版）

台灣小提琴界的教母李淑德

林衡哲

李淑德的得意門生，蜚聲國際的台灣小提琴家林昭亮，曾經說過：「我希望台灣多出幾個李淑德，比多出幾個林昭亮更有意義。因為一個李淑德可以培養無數國際級的台灣小提琴家，而林昭亮卻只有一個；而且李淑德長期定居國內，而我只是偶爾回來而已。」這是林昭亮從內心深處推崇他的恩師李淑德之言。

教學生不要說太多　讓學生自由領悟

台灣知名的鋼琴家葉綠娜，可以說是李淑德的知音，她說：「李老師一直告訴我們，教學生的時候不要教（說）太多，要讓學生們自由領悟、發展。這是李老師獨到的教學經驗與理念，而這也只有一流的教育家才能達到的境界。」她又說：「沒有多釆多姿的生活經驗，怎會有活生生的生命創造力呢？這是她給我的啟蒙，因此雖然我從來沒有當過李老師的學生，可是從她身上學習到的，卻超越了課堂裡的一切。」

李淑德在一九二九年九月十五日出身於屏東萬丹，父親李明家不但是名醫，更是音樂與藝術的熱愛者，他曾拜師留日音樂家張福興門下學習小提琴，其他如大提琴、曼陀鈴、胡琴等樂器也有涉獵；也常聘請鹿港知名南管樂團到家裡演奏，並在家鄉成立「曼陀鈴」樂團。母親林森森是名門閨秀，從小接受英語教育，並且會彈鋼琴，在父母的薰陶下，李淑德六歲就由留日知名音樂教育家李志傳啟蒙學鋼琴，十二歲就讀屏女中才開始拉小提琴，她曾一度鍾情大提琴的音色，但因為坐不住不得不作罷，但是拉小提琴可以自由自在，走來走去，天生喜歡自由的她，便選擇小提琴為終身奉獻的對象。

一九四九年她考上台灣省立師範學院（臺灣師大前身）藝術學系，不料白色恐怖的「四六學潮」粉碎了李淑德追求藝術的美夢，一九五〇年卻意外地將她引領到音樂的殿堂，轉進音樂系，投身戴粹倫門下，終成為一代小提琴教母的大師級人物。

赴美深造　有段在餐廳當小妹的歲月

師大畢業後，在省立交響樂團服務期滿之後，私下決定赴美深造的李淑德，索性藉機逃婚。

申請新英格蘭音樂院，測試小提琴入學考之際，評審探詢李淑德「將來打算做什麼」，她自知起步晚，不可能成為演奏家，於是她回答道：「我要當一位好老師」，結果她順利過關並獲得獎學金。

一九五七年八月，她用自己在省交所賺的錢，隻身赴美，抵達目的地美國紐約時，全身上下僅剩三百六十元美金。在美國波士頓知名的新英格蘭音樂學院七年的進修過程中，很幸運地碰到亦師亦友的好老師帕西爾教授（Dr. Ruth Posselt），她常邀李淑德去陪她，兩人促膝談音樂，一起欣賞電視節目，最後還給五塊美金當工資，返台後，李淑德與眾門生的親密關係，也是從這位老師的身教學來的。

留美期間，李淑德大部分的日子是白天上課，五點到十一點在餐廳打工，回到住處再苦讀到半夜兩點。有一段在哈佛大學旁一家餐廳當小妹的工讀歲月，她形容是「聞到菜餚的味道就害怕」。她除了專攻小提琴，還不時利用課餘到附近的教會聽聖樂、研究聖歌，體驗異國文化民俗，積極融入當地的生活。一九六四年李淑德頂著第一位留美小提琴碩士的身分，回到日夜思念的祖國台灣。

第一位留美小提琴碩士　返國炙手可熱

返台之後，她立刻成為炙手可熱、各方爭取的教學人才，最後一九六五年李淑德接受師大音樂系的聘書，並於同年擔任「台南 3B 兒童管弦樂團」的小提琴老師，這個因緣際會，不僅畫出李淑德教琴生涯的軌跡，同時也改變一群少年小提琴手的音樂生命。她在 3B 培養了不少人才，像胡乃元、辛明峰、蘇顯達、蘇正途、侯良平及高慧生等。連林昭亮都和3B都有淵源，一九六八年3B和台北光仁小學的管樂團合組「中華兒童管弦樂團」赴菲律賓參加音樂節表演，林昭亮也被「徵召」加入，並在3B會址集訓，由郭美貞指揮，李淑德擔任顧問，這是當年台南的地方盛事，也是這些音樂家童年時代所經歷一段「風雲際會」的美好時光。

除了師大的正職之外，課餘則開車或搭火車南奔北跑，平均每週兩回，到各地尋覓具音樂天分的小孩，教他們拉小提琴，並培養他們以奉獻音樂為榮的精神，使他們成為終身的職業演奏家。一九九五年從師大退休後，還不時到各級學校講學教琴，她全心全意投入音樂教學的精神，令人感佩。

榮獲台美基金會人文獎　實至名歸

半世紀以來，李淑德在台灣音樂教育界的地位，猶如林昭亮另一位恩師李蕾（Dorothy Delay）在美國音樂教育界的地位，李蕾在茱麗亞音樂院任教期間，培養了無數國際級的小提琴家，而且有教無類、不分國籍。李淑德除了培養出林昭亮之外，還有一九八五年獲伊莉沙白皇后獎的胡乃元、最早獲茱莉亞音樂院碩士的簡名彥、台灣作曲家的完美詮釋者蘇顯達、美國匹茲堡交響樂團的高慧生、辛辛納提交響樂團的鄭俊騰、明尼蘇達交響樂團的陳太一，以及無數國內交響樂團的首席。

李淑德的個性平易近人、豪爽開朗、樂於助人，她是所有學生的嚴師益友，她有很多音樂界的知心朋友，她確實是一位擁有赤子之心的可愛的音樂界的老頑童，台灣有不少音樂官僚在阻礙台灣音樂邁向國際化之路，但是李淑德卻是現代台灣音樂界邁向國際化、人文化與本土化的最大功臣之一，一九九三年她曾榮獲有台灣人諾貝爾獎之稱的「台美基金會人文獎」，可謂名至實歸。

本文轉載自《民報文化雜誌第四期》

（二〇一五年一月一日出刊）

台灣指揮國際樂壇第一人呂紹嘉

蔣理容

有「台灣指揮國際樂壇第一人」美稱的呂紹嘉，父親呂燿樞是新竹地方知名的內科醫生。受日本教育的父親從學生時代就很嚮往歐洲文化，特別是音樂，因此家中兄弟姊妹從小學鋼琴，從琴鍵中進入廣闊的音樂世界。

呂紹嘉的成就有非常多的資訊報導，愛樂者也都耳熟能詳，但是，這樣一位在樂壇發光發熱的「天才」是怎麼培養的呢，引人好奇。

隨興、適性的發展　遊戲中學習

據紹嘉的姊姊——師大音樂系畢業的呂純芝老師形容，紹嘉從小秉性溫和，在音樂上很早就顯現天賦以及特別的專注力。但他的興趣非常廣泛，而且幾乎樣樣都以「玩」為出發點，凡是小朋友喜歡的紙牌、彈珠甚至酒瓶蓋兒，他無一不玩、無一不精，運動方面也很不錯，曾是躲避球校隊的一員大將呢！

和一般小孩子不同的是，他對引起他興趣的事情就很用心、很專心。當他第一次懂得放大境的特性時，興奮地在院子利用放大鏡的聚光，對準一排螞蟻雄兵，看著牠們一隻一隻冒煙完蛋了，開心之餘，還不懂什麼是「好事、壞事」的他萬萬沒料到，自己在大太陽底下太久，也被晒到中暑！

這種專注力顯現在聽古典音樂唱片，更可看出這個孩子的與眾不同。他可以一首接一首、一張接一張，反反覆覆地聽，一點都不厭倦，遇到感興趣的曲子便找來總譜或歌詞對照著聽。以至於當家人在討論音樂時，他能毫不費力地說出那是哪一張唱片裡的哪一首！學鋼琴也學得非常快，背譜能力更是超人一等，所以「練琴」對他來說從來就不是苦差事，反而練得興味盎然。

整體看來，他並不是「生來就會、生來就懂」的天才，而是天賦本能地喜愛學習，加上聰穎、專注，耐心和努力，日後他能在藝術大師輩出的德、奧音樂領域裡成就舉足輕重的地位，絕非偶然。

小學三年級參加鋼琴比賽　平常心看待

小學三年級時，參加「北區鋼琴比賽」，因年紀還小，爸媽都抱著學習的態度，沒想過名次問題，初賽一結束，就順他的意，帶去兒童樂園玩。（難得從新竹來台北一趟呢！）

卻沒想到他竟然入圍決賽！老師只好拜託大會將他排到決賽名單的最後一號，家人分頭去兒童樂園和百貨公司，透過廣播把玩得髒兮兮又很盡興的他找回來。一坐到鋼琴前面他馬上收心，彈得好極了！倒是沒人記得那次比賽得了第幾名？

上了高中以後，他不再規規矩矩彈學術作品，而是他喜愛的電影插曲像是《十誡》、《西城故事》、《亂世佳人》等等，自己編曲、自得其樂，和聲、伴奏都優美醉人，在高中和大學合唱團空檔時表演，大大地受同學們歡迎。

遊戲與音樂　都一貫認真執著

呂純芝老師還透露，大學時紹嘉還以「打電玩」的絕技大出風頭，據純芝的觀察，也許這也是指揮家必須具備的眼觀四面、耳聽八方、手腦協調的能力之一吧！

呂紹嘉小自遊戲、大到他的事業都一貫地認真執著，對其他事物和知識的涉獵也有高度的興趣。他大學時期曾有一位音樂前輩預言：「呂紹嘉一定能成為一位了不起的鋼琴家，不過，只成為鋼琴家是太可惜了，他的功力應該駕馭一個交響樂團！」

果不其然，他能在歐洲樂壇嶄露頭角、受到肯定，想必與他的人格特質大有關係。二〇一〇年回到台灣擔任國家交響樂團總監至今，「台灣的 Lü Shao-chia」在國外著名樂團的名聲仍然炙手可熱、邀約不斷。而他為台灣樂迷策畫樂季節目；開設講座、導聆課程；教育與紀律並重、提升樂團程度與知名度……仍是努力不懈。

「來自台灣的呂紹嘉」，真是我們的福氣！

呂紹嘉　小檔案

一九六〇年出生於新竹縣竹東鎮

一九八三年臺大心理系畢業

一九八五年赴美國印第安納大學主修鋼琴、指揮

一九九一年奧地利維也納音樂院主修指揮畢業

得獎紀錄：三大國際指揮賽首獎

一九八八年法國貝桑松國際指揮賽

一九九一年義大利佩卓第國際指揮賽

一九九四年荷蘭孔德拉辛國際指揮賽

經歷：

一九九五～一九九八年德國柏林喜歌劇首席駐團指揮

一九九八~二〇〇一年德國科布倫茲歌劇院音樂總監

一九九八~二〇〇四年德國萊茵愛樂交響樂團音樂總監

二〇〇一~二〇〇六年德國漢諾威歌劇院音樂總監

回饋：

其後，呂紹嘉無約在身，足跡遍及歐洲各國與著名樂團合作，更定期回到台北指揮台灣國家交響樂團與臺北市立交響樂團。

二〇一〇年六月，在全國樂迷引頸期盼下，呂紹嘉終於回國接掌台灣國家交響樂團音樂總監一職，以他卓越的學經歷帶領台灣的古典音樂發展，大步走向國際。

本文摘自《民報文化雜誌》第八期

（二〇一五年九月一日出版）

蜚聲國際的台灣小提琴家　林昭亮

林衡哲

三位恩師的教導，使他成為國際巨星

林昭亮在一九六〇年一月二十九日誕生於台灣新竹，他五歲開始學小提琴，李淑德是他的第一個恩師兼啟蒙者。從小就展現他的天分。十一歲赴雪梨音樂學院深造，受教於匈牙利籍小提琴教授皮克樂（Robert Pikler）約三年，就在七年級時，以色列小提琴家帕爾曼（Itzhak Perlman）來澳洲開大師班，那時林昭亮演奏給帕爾曼聽，立刻獲得了帕爾曼的激賞，並且當場受其鼓勵前往紐約茱莉亞音樂院跟自己的老師李蕾（Dorothy Delay）學習，那一次歷史性的會晤，改變了林昭亮的一生。兩年後林昭亮美夢成真，十四歲赴美進入茱莉亞音樂院拜當代名師李蕾門下，整整六年之久，琴藝突飛猛進，十七歲獲得西班牙索菲亞皇后小提琴國際大賽冠軍，在西班牙全國巡迴演出十四場，從此走上職業演奏家之路。

一九八〇年他與紐約愛樂和名指揮梅塔合作演出後，他正式走進國際樂壇，因此林昭亮可以說是台灣演奏家中，最早成名於國際樂壇，他不但是台灣的國寶，澳洲人也把他視為「澳洲之星」，他曾與六個澳洲交響樂團巡迴演出六週。同時芬蘭人與丹麥人也視他為國寶級人物，因為他與芬蘭指揮大師薩洛能（Esa-Pekka Solonen）與瑞典廣播交響樂團，合作錄製的西貝流士小提琴協奏曲和丹麥作曲家尼爾遜小提琴協奏曲，到目前為止仍然是舉世公認有史以來演奏最完美、最具權威性的版本之一，並獲得一九八九年全球最高榮譽的 Gramaphone Award。因此每一次林昭亮到芬蘭去演奏此曲時，平時害羞出名的芬蘭觀眾與樂團團員莫不興奮地跑到後台去，感謝他把此曲演奏得如此出神入化，把西貝流士所欲達到的境界，表現得如此完美無缺。

把蕭泰然的作品帶到國際樂壇

可是一九八四年他與指揮家梅塔率領的紐約愛樂交響樂團到台北演出時，卻被列入黑名單，差一點無法與紐約愛樂一起到香港去演出，原因是他曾帶他老師李蕾到中國去講學與演奏，而教育部原先答應要頒給他的特別獎也黃牛了，為此林昭亮有五年沒有返台演出，直到台灣解嚴，愛好音樂的李登輝總統邀請他回國參加總統府音樂會的第一場演出，才重新回到祖國的土地。

林昭亮喜愛作音樂上的冒險，一九九一年他曾為美國名黑人作曲家 George Walker 的「詩曲」做世界首演；一九九二年七月在 Aspen Music Festival 他又世界首演金希文恩師美國作曲家 Christopher Rouse 的小提琴協奏曲；但是最令他終身難忘的是一九九二年十一月十三到十五日，他與聖地牙哥交響樂團世界首演蕭泰然的小提琴協奏曲，當他演奏完此曲時，他才突然意識到這是他生平第一次演出自己祖國作曲家的作品，也是有史以來，第一次台灣作曲家的小提琴協奏曲被介紹給美國樂壇，林昭亮也很高興自己為台灣完成了一件有歷史意義的事。

在台灣催生「國際巨星音樂節」

一九九七年十月林昭亮在台灣催生了「第一屆國際巨星音樂節」，共演出四場，林昭亮以「奇蹟」來形容台灣觀眾的迴響，不但有全神貫注的專注力，如雷的掌聲，廣場上欣賞大銀幕轉播的三萬名聽眾，在演出後給予音樂家的喝采，讓他與馬友友和其他國際巨星終身難忘。在二〇〇〇年五月，他再度催生六場「第二屆國際巨星音樂節」，台灣音樂家胡乃元、黃海倫、范雅志等也來參加，那時剛當選的新總統陳水扁也來參加首演，並與林昭亮做了親切的交談，促成林昭亮舉辦國際音樂節的動機是，他想與台灣人分享音樂帶來美的感覺，並且引起國際樂壇對台灣的重視，顯然他已經達成他心中的夢想。

三十五年來，林昭亮幾乎與世界上每一個著名的交響樂團合作過，在生涯的顛峰時期，一年演出一百二十場，馬不停蹄地在世界各地奔波，近年來他改變生涯規劃，以培養下一代音樂家為主，而且更想回饋台灣，因此最近幾年來，每年夏天都會返台與國台交合作，主持音樂夏令營，並指揮青年交響樂團，及主持大師班，並在恩師李淑德母校師大開課；在美國他除了在母校茱莉亞音樂院任教多年，培養不少台美人的第二代外，目前他是休士頓著名的萊斯大學音樂院的專任小提琴教授。

催生無數二十世紀傑出的小提琴協奏曲

林昭亮大約先後有二十張ＣＤ發行全球，每張均獲得極高評價，他最拿手的是莫札特與史特拉汶斯基的小提琴作品，除外他對西貝流士小提琴協奏曲的詮釋，已進入大師級的境界，他的小提琴演奏不是以音量取勝，但是他經常以充滿感情的深度，把浪漫抒情的慢板樂章，做超凡的演出。目前他用的琴是一七一五年義大利製的史特拉瓦底里名叫「Titian」；二十年前，林昭亮曾經把他擁有的第一把名琴：一七〇七年「Dushkin」的史特拉瓦底里琴，割愛給許文龍，無意中促成奇美博物館成為全球收藏名琴最多的博物館。

二〇〇〇年，林昭亮得到《美國音樂雜誌》（*Music America*）推選為年度最佳演奏家，再度肯定他在音樂界的成就。林昭亮用音樂這個人類的共同語言，來呈現人性中最美好的一面，把快樂與和平帶到世界每一個角落。林昭亮有一個美滿的家庭，他的夫人也是心靈伴侶何瑞燕是小兒科醫師，也是他事業上的賢內助，他們有一個可愛的女兒，據說她喜愛吉他更甚於小提琴，曾經與她爸爸在學校演出吉他與小提琴雙重奏，而成為學校的知名人物。

本文摘自《民報文化雜誌》第八期
（二〇一五年九月一日出版）

鳳飛飛的「台灣歌謠鄉土情」

簡上仁

一般人提起「鳳飛飛」的藝名，馬上就會聯想到：帽子歌后、國寶級歌手、綜藝節目名主持人，也拍過電影；她是和藹可親、笑容可掬的藝人。

鳳飛飛被忽視的另一面

鳳飛飛一九五三年出生於桃園縣大溪鎮，本名林秋鸞，第一個藝名「林茜」；生平灌錄的第一首唱片歌曲是〈初見一日〉（歌林唱片一九七一年九月）；一九七一年十一月，採用製作人張宗榮的建議，更名為「鳳飛飛」；一九七二年三月，推出個人首張專輯《祝你幸福》；一九七六年七月，在台視第一次主持現場直播的綜藝節目《我愛周末》；一九七八年六月，推出第一部電影《春寒》。

鳳飛飛在演藝圈的發展，好像跟台灣歌謠沒什麼關聯，但深入了解鳳飛飛，會發現她對鄉土歌謠有一份濃濃的情感，對承傳與延續台灣歌謠的生命力，功不可沒。

一九八〇年三月與港商趙宏琦在香港註冊結婚；一九八二年三月，獲得第十七屆金鐘獎「最佳女歌星獎」；一九八三年七月，在中山醫院接受右耳手術，順利裝上人工耳膜；二〇一二年一月因肺腺癌逝世於香港，後長眠於桃園大溪佛光山寶塔寺；二〇一三年獲得第二十四屆金曲獎及第四十八屆金鐘獎特別貢獻獎，及無數的華語唱片歌曲。

如從以上鳳飛飛在演藝方面所表現的豐功偉業觀之，她似乎與台灣歌謠無太多關聯。但事實上，了解鳳飛飛出版的唱片專輯狀況，深入探討鳳飛飛與台灣歌謠的關係和影響。我們將會發現鳳飛飛對台灣鄉土歌謠有一份濃濃的情感，對承傳與延續台灣歌謠的生命力，功不可沒。

繼起台灣歌謠的生命力

一九七〇年代，在內政方面，台灣社會還處於戒嚴、強制推行「國語政策」及打壓本土文化的時期，母語和台灣歌謠在大眾媒體上受到極大的限制，鄉土歌曲也隨之嚴重萎縮。台語歌曲在音樂市場上不但淪為次等地位，且已幾乎走到苟延殘喘的地步。在外交方面，一九七一年的退出聯合國、一九七八年的台美斷交及中共的圍堵等，台灣外交陷入困境，邦交國逐漸減少。在此衝擊下，政府積極推動華語愛國歌曲措施，年輕人也興起以華語為主的「唱自己的歌」的運動。

然而，許多想唱、想聽台語歌謠的人們，在種種限制下，不易找到好的素材，而年輕人「唱自己的歌運動」裡，幾乎只有筆者一人孤軍奮鬪。所幸，由歌林唱片分別於一九七七年到一九八二年出版的鳳飛飛《台灣民謠系列專輯》一至四集，正好填補、滿足台灣歌謠愛好者的需求。

這四張專輯裡，傳統部分的比率較小，包括有：源自平埔西拉雅族祭歌的〈牛犁歌〉；風行於各地的民間小調〈六月茉莉〉；及來自南台灣恆春地區的〈思想枝〉，共三首。創作流行歌曲部分，大多是大家永難忘懷的老歌，其中發表於日治時期的有：〈心酸酸〉、〈雨夜花〉、〈雙雁影〉、〈心茫茫〉、〈碎心花〉、〈河邊春夢〉、〈白牡丹〉、〈月夜愁〉、〈春宵吟〉、〈月夜嘆〉、〈春花望露〉、〈桃花鄉〉、〈黃昏城〉、〈四季紅〉、〈阮不知啦〉、〈滿面春風〉、〈春宵夢〉、〈欲怎樣〉、〈天清清〉、〈送出帆〉、〈我的青春〉、〈青春嶺〉、〈三步珠淚〉、〈港邊惜別〉、〈日日春〉、〈望郎早歸〉、〈對花〉、〈一剪梅〉、〈人道〉、〈一個紅蛋〉、〈窗邊雨〉及〈心懵懵〉等，共三十二首，都是經過時代考驗的精典之作；發表於戰後的有：〈心內事無人知〉、〈南都夜曲〉、〈姐妹愛〉、〈西北雨〉、〈送君珠淚滴〉、〈蝶戀花〉、〈鑼聲若響〉、〈初戀日記〉及〈補破網〉等，共九首，則都為人人朗朗上口的名曲。

鳳飛飛的歌唱特色在於其順著語言聲調及習慣音型的轉音技巧，自然而流暢。歌曲的詮釋方面，感嘆、憂傷、喜悅、歡樂，甚至嬌羞，都恰到好處。因此，雖然在那電視台播台語歌一天不能超過兩首，ＦＭ不能播放台語歌的年代，但經由唱片和卡帶的銷售，使鳳飛飛的歌聲，仍能自然地傳唱於民間社會，累積了小眾的力量，點燃著台灣歌謠的香火。不但安慰了許多台語歌曲愛好者的心靈，甚至產生新的生命活力。

念念不忘的鄉土情懷

鳳飛飛於一九八〇年在香港結婚後，仍然活躍於歌唱演藝事業，一九八九年生下獨子趙彣霖之後，短暫休息，旋於一九九〇年宣布復出。也許當了母親之後，更能體會「母親台灣」給予她的恩典和養分，在她復出後的首張專輯《浮世情懷》中，就安排了一首由李坤城和羅大佑所合作的台語歌〈心肝寶貝〉，並入圍第三屆金曲獎最佳年度歌曲獎。

此後，鳳飛飛對故鄉的想念更加濃烈，對台灣鄉土歌謠的情感更是難以忘懷。於是，緊接著ＥＭＩ唱片公司，先後於一九九二年及一九九五年再為鳳飛飛發行《想要彈同調系列》台語歌曲專輯（一）《想要彈同調》及（二）《思念的歌》。《想要彈同調系列》除了老調，也有新聲；除了緬懷過去，也嘗試前瞻未來。

愈是接近停止歌唱生涯之前，鳳飛飛錄唱台語歌曲的比例愈大，甚至逐漸超過華語歌曲。或許因新的華語歌星輩出，讓她漸漸失去受邀錄製發行華語歌曲唱片的機會，但筆者則更認為：鳳飛飛晚年愛唱台語歌，乃因故鄉的呼喚及她內心深處熱愛台灣鄉土歌曲的情愫逐漸在浮現與昇華。

本文摘自《民報文化雜誌》第七期
（二〇一五年七月一日出版）

論「歌壇長青樹」費玉清

鄧鴻源

生於一九五五年，今年（二〇一七）已經滿六十二歲的費玉清，本名張彥亭，外號「小哥」、「九官鳥」，生於台灣台北市，最高學歷是協和工商汽修科，是台灣知名男歌手及綜藝節目主持人，演唱歌曲包括國語、台語老歌及流行歌，可說是當今歌壇長青樹。

費玉清小時候學業成績並不怎麼樣，對唱歌卻有興趣。當年他中小學的學科成績常「滿江紅」，唯有音樂一枝獨秀，老師對他很失望，認為唱歌有何前途，但他有自己的夢想，希望未來能當歌手，果然有志者事竟成，他今天的成就令人驚嘆，更令人欽佩的是，他很會賺錢，卻不當守財奴，常布施助人，對動物也很有愛心。

一九七三年，高職剛畢業不久的費玉清，憑藉一曲〈煙雨斜陽〉正式出道。叱吒歌壇四十多年的他，如今在兩岸三地擁有大批粉絲，現在平均每年有大約五十場演出，被譽為「演藝圈公務員」。加上他對物質生活的要求很低、相當節儉，平常的娛樂就是看電視與聽音樂，外傳其財產已超過二十億台幣，平時生活卻極為節儉，一餐飯常常吃一百元便當就打發，也沒有其他任何不良嗜好，令人敬佩。

費玉清從小就接受父母灌輸「有土斯有財」的觀念，到處買房置產，即便如此，他照樣遵照爸媽的遺願認真工作，賣力地接場演出。今年九月，九十六歲的父親張舞曦過世，哥哥張菲都對他瞞著噩耗，讓他去實現父親對他的要求：「努力完成跟別人的合約，做一個藝人該做的事」，顯見「小哥」的敬業精神來自良好家教，其父親能當上模範父親，可謂當之無愧。

多年來，費玉清為善不欲人知，固定捐款給各類慈善機構，平均每年捐出的善款達上千萬台幣。前幾天，他忍著喪父之痛，又默默捐出六十萬元台幣資助「毛孩子」，令收到善款的高雄市關懷流浪動物協會的工作人員感動不已。該單位發言人表示，現捐款來源少，為養育兩千多隻狗，協會早陷入愁雲慘霧，面臨斷糧危機，費玉清的捐款猶如乾旱中的及時雨。

如今已達耳順之年的他，保養得宜，感覺如同年輕人，擅長的歌曲有數百首，如：〈夢駝鈴〉、〈一剪梅〉、〈千里之外〉，每一首歌都十分悅耳動聽，歷久不衰。他年輕時錯過姻緣，從此不談婚姻，以致膝下無子，但他能化小愛為大愛，常默默行善助人。

多年前他受訪時曾表示，如果自己有一天走了，會將自己的所有財產都捐出去做公益，值得有錢人見賢思齊。反觀不久前，國民黨連姓大老為了節稅，將兩戶上億帝寶豪宅過戶給自己兒子，與「小哥」相較，能不汗顏？只靠父蔭，不會自食其力的人，將來有何出息？

「小哥」的故事給我們的啟示是，行行出狀元，學歷不等於能力，態度才能決定高度，一技之長最重要，尤其要有夢想、敬業精神與愛心，值得許多家長與年輕人見賢思齊。

本文摘自《民報》網站

（二〇一七年十二月十四日出版）

再現美麗島　民謠之父胡德夫

李靜怡

一九七〇年代，台灣校園民歌運動如火如荼，胡德夫以演唱卑南族音樂家陸森寶的〈美麗的稻穗〉而一曲馳名。胡德夫身為卑南族的歌手，歌路融合西洋曲風以及原住民傳統歌謠，和青年畫家李雙澤、歌手楊弦掀起「唱自己的歌」的風潮，帶動了台灣音樂界民歌本土化。

當年在民歌逐漸被商業體制收編後，胡德夫並未隨著走入流行歌曲工業，他不附眾媚俗，不但在一九八二年加入「台灣黨外編輯作家聯誼會」，與楊祖珺兩人以民歌凝聚社會運動中的有志之士，之後，他更投入原住民運動，創立「原住民權利促進委員會」並擔任第一屆會長。

失去山谷的小鷹

四十年前，一位盲眼傳教士牽著一個孩子的手，赤腳走著，從台東太麻里的嘉蘭部落南下，一路步行到高雄，準備搭火車北上，前往台北淡江中學。這個孩子是十二歲的胡德夫，而那位傳教士是大他十八歲的哥哥。胡德夫是家中最小的孩子，也是哥哥之外唯一的男孩，他從小在台東大武山下放牛不知道山谷外的世界。山谷就是他的世界，他美麗的天堂。

當時離開部落的族人不多，但是身為傳教士的哥哥，從小就帶著胡德夫上主日學，他信任教會所辦的學校，能夠讓胡德夫受到最好的教育，他決定讓胡德夫看到更寬廣的世界。

一個孩子離開部落，獨自前往台北念書的決定，就一個原住民家庭而言，並不容易。「我小時候所有的一切都在那個山谷，沒看過外人，也沒有離開過母親，以為我會在山谷裡面一輩子。」胡德夫回想離家的那天，他記憶中的景象是「嘆息的山谷、悲泣的媽媽、懵懂的孩子」，離開溫暖的襁褓，面對未知的世界，胡德夫覺得自己就像是「失去山谷的小鷹」。

淡江中學的歌唱訓練

淡江中學的日子，胡德夫沒有忘記大哥與他分手前所說的：「記得在這裡多學多看。」胡德夫的父親也相當注意他在淡江中學的情況，父子兩人時常魚雁往返。他的成績十分優異，但真正對他日後產生重大影響的，卻是這裡的合唱訓練。

胡德夫的歌聲中夾雜著教會聖歌以及美國黑人藍調的元素，這是受到教會學校唱詩班的影響。每天早上升完旗，所有的淡中學生必須到大禮堂練唱聖歌，由校長——也是台灣三大音樂家之一——陳泗治先生帶領大家練唱。淡江中學是教會學校，充滿著唱詩班的風氣，不但有團契練唱，每個班級也都有合唱團，這樣鎮日歌唱的環境，啟迪了胡德夫的歌唱才能。

淡江中學每個年級平均都會有幾個原住民學生。胡德夫離開山谷，來到學校，也才知道台灣有那麼多不同族的原住民。他與其他年級，來自不同族的原住民組成了四重唱，在台北還頗有名氣。此外，學校裡的一位加拿大籍修女不但教導他們，也不時安排他們聆聽美國黑人靈歌，胡德夫不但常聽西洋歌曲，也參加學校橄欖球隊，在一次的全錦標賽中，他們輸球了，胡德夫眼看大家就要垂頭喪志，他靈感一來，高唱一首一九六〇年代民權運動的頌歌——〈We Shall Overcome〉，頓時鼓舞他的隊友一塊合唱，重振士氣，結果隔年他們果然贏球，而這首名歌，也成為他們的隊歌。

「唱自己的歌」

胡德夫二十二歲時，因為父親罹患癌症需籌措醫藥費，加上一些其他因素而休學。於是，胡德夫晚上會在哥倫比亞大使館的咖啡廳駐唱，當時他已經是台北價碼最高的歌手。但對胡德夫而言，最重要的則是民歌的倡導者李雙澤的出現，他鼓勵胡德夫表現其原住民的特色，並將他帶進民歌運動的核心，主導了民歌運動的開端。

一九七三年的冬夜，門外飄著細雨，李雙澤和朋友合開的「洛詩地」餐廳裡聚集著一群年輕人，不知道是誰唱起了楊三郎的〈港都夜雨〉，凄清的曲調，卻讓人感受到這是屬於台灣自己的歌曲，正當大家感嘆：「我們這一代怎麼唱不出自己語言的歌？」胡德夫突然拋出琴音，喃喃唱起：「小魚兒呀，游啊游……」李雙澤大喊：「唱呀，肯波（Kimbo，胡德夫的日語發音名）大聲唱呀！」這段插曲醞釀了「唱自己的歌」這樣的概念。

胡德夫基於「唱自己的歌」的精神，一次公開表演中，李雙澤從旁鼓勵，緩緩吟出那首小時候父親教他的歌〈美麗的稻穗〉。一連串的西洋歌曲中，突然出現一首原住民歌謠，發自歌者的靈魂，充滿對土地、對大自然生命力的讚頌情感，剎時間技驚四座，感動了台下所有人。從這時候開始，胡德夫就開始將原住民的元素加入他所創作的歌謠。

〈美麗的稻穗〉經過電視的推波助瀾，傳唱全國校園，並登上民歌排行榜第二名，胡德夫的名聲打響。乘著這樣的氣勢，李雙澤於一九七四年，胡德夫催生一場名為「美麗的稻穗」的個人演唱會。

新格唱片主辦第一屆金韻獎，逐步將民歌手包裝成歌星，民歌手的身分開始走入商業化，唯有胡德夫與楊祖珺，將民歌運動的精神，帶入了社會運動。同年，李雙澤創作了〈美麗島〉等九首歌之後，在沙崙海域為了救人而不幸溺斃。兩年後，一九七九年黨外勢力與執政黨衝突，因而爆發了高雄美麗島事件。

〈美麗島〉這首歌最早是在黨外作家編輯聯誼會上，眾人傳唱，呼籲大家認同這「有著勇敢的人民，無窮的生命，以及有著水牛、稻米、香蕉、玉蘭花」的Formosa美麗之島，台灣。後來，在李雙澤的追悼會上以及楊祖珺「壓不扁的玫瑰」選舉過程中，〈美麗島〉也一再被唱頌著。

李雙澤過世後，胡德夫也離開商業化的流行民歌路線，回歸部落，關懷原住民在國家政策與資本主義下遭受的欺凌，他發起原住民運動來實踐。

投身原住民運動

一九八四年，海山煤礦爆炸，許多阿美族人在意外中生，胡德夫趕到現場幫忙，親眼看到了一具具原住民礦工的屍體從地底送上來，他憤怒驚覺，我們的社會不但將原住民邊緣化，甚至邊緣化到地底了。為此，他寫下〈為什麼〉。為了台灣政府將核廢料屯放在蘭嶼的事件，他寫下〈飛魚、雲豹、台北盆地〉控訴當局；而九二一地震災變，他更轉於災區，譜寫〈Loukah! Tayal!〉（意即〈站起來！泰雅！〉），他用歌聲鼓舞泰雅族人勇敢起來。

有些來到都市的原住民就住在淡水河邊的工寮，用廢棄的木板釘成不像房子的家，胡德夫感嘆：「很多高難度的工程都是他們做的，工程落成了，首長來放煙火，我們就是那些燦爛火掉下來的，掉在淡水河裡。台灣的苦難我們一起承擔，但台灣最有利的我們都沒得到。我們讀了點書，假如為自己的同胞講話都不行，書都白讀了嘛！」胡德夫的社會意識、原住民背景，使他決定扛起改善原住民人權福利的責任，這也是為何他沒有唱那些討好主流的歌曲，沒有迎合商業化選輯，選擇投入原住民運動的原因。

「我對於原住民的處境有很多不平，相對於台灣的經濟水準，還在加工業時代，漢人與原住民的差別就那麼大！那時我已經三十三歲，我創立『台灣原住民權利促進委員會』，第一次發起把『高山族』的名稱改成『原住民』的正名活動。我們不能讓社會忘記我們原住民的身分，要飲水思源，我們要靠自己用運動的方式走到核心，讓問題被重視，讓政府認錯，以後原住民在爭取權利時才能更進一步。」胡德夫是第一個參加黨外運動的原住民，也是全職的原運工作者．他推動「正名」、「還我土地」等運動為原住民討回應有的權利，他靠著堅強的毅力帶領原住民上街頭吶喊，即使遭到警察恐嚇、憲兵包圍，甚至鋃鐺入獄，都沒有讓他停止這些行動。

人生幽谷，貧病交迫

胡德夫在爭取原住民權益上不遺餘力，但婚姻的路上卻頗為坎坷。

他的第一段婚姻，在他第一個孩子四歲時結束，當時的妻子不希望小孩有原住民的身分，而不願意把小孩放在胡德夫名下。羞憤之下，他離開了那個不了解他的妻子，並且將全部的心力投入原住民運動上，為的就是讓原住民褪去汙名的標籤，讓原住民有作為台灣人民應得的尊重與權利。

他在這段為了原住民權益走的日子，家計完全由第二任妻子大提琴家陳主惠維持，而在原權會完成「正名」、「還我土地」等階段性任務之後，結縭九年的她離開了胡德夫，北上發展事業，組成「黑名單工作室」。不幸的是，胡德夫年輕時打橄欖留下脊椎滿是骨刺的後遺症，卻也在這時發作，讓他幾乎癱瘓，根本無法照顧兩個年幼的孩子，不得已，他只好回到台東，投靠年近八十的老母親。

胡德夫長達七年在花蓮養病。前三年，纏綿病榻，後三年，朋友的鼓勵，讓他決心重新起。他用一種常人難以忍受的自創療法自我治療，想不到竟然生效，慢慢地，骨刺一個個脫落，現在胡德夫已經康復，柔軟度甚至比以往更佳。

難以想像胡德夫現在看起來神采奕奕，眼神充滿力量，他曾經貧病交加。當年他承受病痛之時，看著年邁的母親，要挑起照顧生病的他與孫子的責任，心更痛，於是他不得已將孩子送到孤兒院。胡德夫從沒想過，曾經與李雙澤等人開創民歌時代的風光，推動原住民運動領導群眾的意氣激昂，最後他竟然會落得連家人都無法留在身邊的田地。他向上帝禱告，讓他能夠回去唱歌，從歌唱中重新找回他的人生。

或許上帝真的聽到了他的懇求，一九九七年，他在台東的第七年，黑名單工作室的王明輝邀請胡德夫錄製專輯《搖籃曲》中的〈不不歌〉與〈淡水歌〉。從這時開始，胡德夫也才開始有收入，能夠把孩子接出孤兒院。

歌手重回舞台

一九九七年胡德夫登記「飛魚雲豹音樂工團」這個名字，兩年後他到屏東找雲力思、林廣財等原住民朋友玩音樂，一起團練，接著就發生令台灣人難忘的夢魘九二一大地震。為了幫助原住民重建部落，胡德夫組織了這群一起玩音樂的朋友，並以「飛魚雲豹音樂工團」為團名，協助災後重建工作，同時也復興原住民文化。因此他們不只是歌手，平日他們分組上山下海進行串聯、組織，甚至動員抗爭；以音樂呈現部落原有的聲音，一種經過沉澱所演釋出來的演唱風格。

「飛魚雲豹音樂工團」在音樂上的收入除了維持本身開銷，也回饋到原住民的運動裡。後來胡德夫察覺到有人欲將「飛魚雲豹音樂工團」納為個人政治工具，此外工團也陸續出現收入帳務交代不清等問題，使得原本充滿熱忱、用意良善的音樂工團逐漸變調。胡德夫最早察覺這一點，憤然離開。不久，「飛魚雲豹音樂工團」就解散了。原本「飛魚雲豹音樂工團」是他所發想的名字，因此十分鍾愛，想不到會被人惡搞至此，這件事讓胡德夫既憤怒又遺憾。

二〇〇二年，原本魔岩唱片成員所獨立組成的「野火樂集」，開始與胡德夫聯絡。由於之前魔岩主辦的「原浪潮」演唱會，曾和胡德夫合作，因此「野火樂集」有了為他出唱片的念頭。這幾年一直有唱片公司與胡德夫接洽，但胡德夫總是認為時機不對。這次「野火樂集」

由於一直從事原住民音樂工作，也與歌壇中的原住民歌手陳建年、巴奈、紀曉君等有所交情，因此與胡德夫建立良好的信任關係，於是他們有了《匆匆》。

胡德夫多年來也曾經尋覓摸索，看自己到底能做什麼，然而他最終仍是回到舞台，因為唯有唱歌，他才能觸及夢想與力量。這張《匆匆》，不但是集結三十年來創作的專輯，也是他此生的首張音樂專輯。

用靈魂寫歌的人

歷經三十年，胡德夫的創作量，平均一年一首，至今不到三十首，每一首他都是用盡力氣寫出來的血淚之作。他曾說：「如果無法讓自己感動到不能負荷，我不會輕易發表。」胡德夫的每一首歌都是抒發族群苦難的創作。

胡德夫多年從事社會運動，回到歌手的位置之後，他真正了解到，原來這才是最適合他的位置。他衷心希望原住民的音樂，能夠在歌壇佔有一席之地，就如他曾說的：「Na lu wan ho hai yan，是人間詠嘆的引音中，最美的虛語音，是台灣原住民遠古至今，最重要的音譜。」

關於胡德夫

一九五〇年生於台東新港，父親為卑南族，母親排灣族，一九七〇年左右開始參與音樂演唱活動，曾是台北價碼最高的鋼琴酒吧歌手，為民歌運動重要人物；一九八〇年代初加入黨外，擔任首屆「原住民權利促進會」會長，推動「原住民正名」、「還我土地」運動：一九九〇年代初沉潛於台東，一九九〇年代末復出。目前專心於音樂演唱工作，整理祖先與前輩的歌謠，並不時發表作品。

參考書目：

《民歌手的故事》。張光武主編。台北市：立誼，一九八一年。

經歷：

一九六二年就讀淡江中學

一九七〇年臺大外文系肄業，在哥倫比亞大使館附設的商業推廣中心開始演唱

一九七二年與李雙澤推動「唱自己的歌」運動

一九八二年加入「黨外作家編輯聯誼會」從事黨外運動

一九八四年創立「台灣原住民權利促進會」擔任會長
一九九七～二〇〇〇年在「飛魚雲豹音樂工團」一起玩音樂
二〇〇二年在「野火樂集」和很多人一起唱歌
二〇〇五年出版首張個人專輯《匆匆》

本文摘自《民報文化雜誌》第十五期
（二〇一六年十一月一日出版）

台灣政治歌謠傳唱者邱垂貞

陳俊廷

二〇一四年十一月二十八日桃園選前最後一夜，扛著鄭文燦北區總部主任委員，也是全桃園總指揮的邱垂貞，突然公開下跪，呼籲支持者力挺鄭文燦當選桃園市長。在各界原本極不看好的第六都，邱垂貞為昔日子弟兵下跪，充滿情義的真性情，鄭文燦為綠營「意外」搶下第六都，邱垂貞功不可沒。

用歌聲記錄大時代歷史

從二十四歲投入台灣民主運動的邱垂貞，在戒嚴時期因在美麗島高雄現場唱了首〈望春風〉坐了四年半的政治黑牢，背上美麗島政治苦難的悲情，自此也踏上政治路，邱垂貞的歌聲在大時代傳唱台灣人衝破威權體制前後時期，具有特定時代意義，台灣政治戒嚴、解嚴歷史的動盪起伏，邱垂貞用歌謠記錄歷史扉頁，如果不是被國民黨抓入黑牢，走入政治圈，邱垂貞該是個音樂文人。

在一九七〇年代的大學校園，歌詠山水、青春，旋律清新自然、歌詞樸素，清一色帶有濃厚中國風的校園民歌當道，黃河、長江等中國景物懷詠、古典文學意識成為那世代主流，台灣歌謠可說「黯淡無光」，大學時代的邱垂貞扛著吉他傳唱台灣歌謠算是「異類」，一九七〇年代後期至一九八〇年代，邱垂貞的「歌聲」觸動台灣人反抗國民黨外來政權的內心深處，尤其海外眾多有家歸不得的黑名單。

唱衰萬年國會　改編〈新牽亡歌〉最經典

邱垂貞雖走入政壇，唯其內心愛好音樂的本質毫無改變，從年輕小伙子浪跡海內外演唱台灣歌謠與好友邱晨創作演唱多首街頭運動歌曲，如紀念鄭南榕的〈南國大榕樹〉，或改編的經典名謠〈新牽亡歌〉隱喻菲國強人馬可仕政權崩盤，諷刺老國代盤踞萬年國會的荒謬，在當時萬年國會時代是經典名曲。

二〇一五年二月十九日蔡同榮紀念音樂會，與四月九日鄭南榕殉道二十五周年紀念基金會，邱垂貞均代表上台悲痛主唱〈黃昏的故鄉〉、〈南國大榕樹〉等曲，邱垂貞在政治圈翻滾近四十年，其政治歌謠在綠營政壇地位可說無人能及，卸下公職後，二〇一四年參加街頭藝人證照考試，愛好音樂的性情中人顯露無遺，台灣政治歌謠傳唱者該是其人生最佳寫照。

〈綠色旗升上天〉邱垂貞的最愛

邱垂貞在海外唱紅〈黃昏的故鄉〉是當時黨外時代的經典，滄桑悲嗆的歌聲讓戒嚴時期海外黑名單人士動容、哽咽，有感「有家歸不得」的苦難。邱垂貞的歌聲，黨外時代到民進黨成長茁壯，幾乎所有重大活動都有他的歌聲，如〈民進黨進行曲〉、〈國會全面改選歌〉、〈二二八和平紀念歌〉、〈勇敢的台灣人〉……每一首都充滿對台灣吾土感情，其中他特別喜愛其所唱、詩人李敏勇作詞的〈綠色旗升上天〉，該曲伴隨民進黨衝鋒陷陣在歷屆選戰，可說居功厥偉。

二〇一二年八月二十三日，立委競選失利又驚傳年僅二十七歲的愛女邱心瑩上吊自殺，幾乎打垮邱垂貞，邱垂貞征戰政壇，邱心瑩一直是邱垂貞最死忠的助選員，邱垂貞用兩千三百三十八字泣述親撰〈心慟〉一文，完整記錄長女短暫一生追求完美的真性情。

喪女之痛讓邱垂貞心肝俱裂

邱垂貞心情悲愴地寫〈心慟〉：「……心瑩啊！老爸一生波濤洶湧，歷盡滄桑……幼年窮苦、少年流浪，參加民主革命被逮捕、受刑求、坐黑牢、走街頭、拼選舉、當公職、日夜忙！受謠言中傷、落選之痛，又官司纏身清白被抹黑！……老爸今已六十二歲，歷經的一切打擊！災難、苦痛……都不及這一次老年喪子，白髮送黑髮，來得心肝俱碎！痛不欲生！」在愛女自殺後，邱垂貞陷入可以抛棄政治、退出政壇，晚年整理為台灣打拼的檔案文獻與歷年所創作政治歌謠，想當平民作家奉獻給台灣公義社會的心情。

「台灣土地是伊的母親是生我、育我、養我、呵護我的地方；我生於斯，未來也要長眠於斯」，從台灣黨外時代至今，邱垂貞傳唱的政治歌謠隨著輔佐鄭文燦翻轉桃園，邱垂貞的政治歌謠、音樂人文與民主政治志業的故事仍在繼續上演。

本文摘自《民報文化雜誌》第七期
（二〇一五年七月一日出版）

輯四

藝術篇

為舞蹈而生——台灣現代舞之母蔡瑞月

黃思敏、黃毓柔

蔡瑞月舞蹈社座落在台北中山北路上，是蔡瑞月老師用來教學的舞蹈教室，更是蔡老師在台北的家。舞蹈社為市定古蹟，別名又稱玫瑰古蹟。之所以稱作玫瑰古蹟，一方面紀念蔡瑞月老師像玫瑰花般雖然面對各種坎坷，卻又用她的舞蹈綻放如此熱情的美麗。另一方面，也取自老師的舞作《牢獄與玫瑰》，雖然蔡老師與舞蹈社都經歷許多傷痕，但我們選擇留下那些美好，將傷痕轉換為更強韌的生命力。

一封沒有地址的信　開啟了舞蹈人生

一九二一年蔡瑞月出生於台南，在中學時於台南宮古座劇場觀賞了日本石井漠舞蹈團的演出，從此興起了以舞蹈家做為一生志業的抱負。蔡瑞月鼓起勇氣寫了一封沒有地址的信到日本，希望石井漠能夠收她為學生；由於石井漠響亮的名氣，讓信件仍送到了他手中，也讓蔡瑞月加入這個前衛的舞蹈家族。

十六歲的蔡瑞月隻身前往日本現代舞之父——石井漠門下習舞，其後因石井漠眼疾加重改為跟隨石井綠習舞。一九四五年日本戰敗，已在日本與南洋累積千場以上表演的蔡瑞月，婉拒恩師的極力挽留，搭上大久丸號回到故鄉台灣。

舞蹈的月娘

蔡瑞月在航程中創作《印度之歌》與《咱愛咱台灣》兩支舞碼，太平洋漫長的返鄉航程中在甲板上迫不及待地翩翩起舞，也讓當時船上兩千名留學生看見了台灣第一支現代舞的誕生。回台後，她應友人邀請在台南太平境教會進行第一次現代舞演出，引發各界熱烈迴響。

蔡瑞月自日本學舞回到台南後不時應邀至各地演出，也開設了台南第一間舞蹈社，在舞蹈界的名聲迅速廣為人知。一場在台北國際戲院（現為西門町萬年商業大樓）的演出，結識當時擔任臺大教授的詩人雷石榆，相戀不久即結為連理。婚後，蔡瑞月將教學與創作重心移到台北，與藝文界來往頻繁，家中時有文人藝術家雅聚，如黃榮燦、藍蔭鼎與白克等都是座上常客。

十五號囚徒

二二八事件發生後，社會情勢風聲鶴唳。有一天，兩個陌生人到家裡找雷石榆，僅告知「傅斯年校長找你有事」，便將雷石榆帶離家中，接著就將他遣送至廣州，萬萬沒想到這樣一別，過了四十年才有再見面的機會。雷石榆被驅逐出境數月後，蔡瑞月準備出發到東海岸演出，沒想到在出發前夕，來了兩位特務以問話為由強行將她帶走，一出門口便用黑布蒙上眼睛、押上車，就此沒有理由的身陷牢獄。

蔡瑞月從內湖監獄被送到綠島，在綠島撿拾貝殼是牢獄生活中唯一美麗的回憶，她總是趁著挑擔糞便的時刻，在細軟的沙灘上挑揀貝殼，接受海風的撫慰。三年後當她獲允出獄返家時，問：「為什麼要抓我？」獄卒告訴她：「思想動搖。」

在自己的房間　卻找不到一個安息的地方

出獄後蔡瑞月仍以舞蹈教學維生。起先回到台北農安街開班授課，一九五三年底搬到中山北路二段舞蹈社現址。舞蹈社於極盛時期學生達三、四百人，從週一到週六上午八點大門一開、地板擦拭乾淨，學生絡繹不絕。

舞蹈社演出活動多，在最密集的時期每兩、三天就有一場演出，戲院、學校、醫院與各式邀請場合中時常可見舞蹈團身影，更時常與各國舞蹈家進行交流。

一九五九年，為杜絕特務多方的監控與干擾，只好將舞蹈社正式立案並更名為「中華舞蹈社」。

然而白色恐怖的陰影並未驅散，國防部仍天天派特務至舞蹈社對蔡瑞月進行監視，並不時介入演出事宜。同時環境的殘酷也仍舊持續考驗著她；舞蹈社因《柯碧麗亞》舞劇售票事件被罰款近五十萬元；更受當時文工會粗暴打壓，政治力量不斷介入文化活動奪取藝術自由。這些事件也成為蔡瑞月移民澳洲的推力。

這裡有玫瑰　就在這裡跳舞吧！

一九九四年，中華舞蹈社面臨拆除危機，文化界發起救援運動，舞蹈社三名舞者高掛在十五層樓高空二十四小時，藝文界的朋友們則透過舞蹈、音樂、講座等活動在地面進行二十四小時接力演出，終將舞蹈社留下。一九九九年，蔡瑞月受邀回台重建舞作，沒想到剛通過成為市定古蹟的舞蹈社隨即遭縱火，她站在焦黑的舞蹈社前難過地說：「我好像失去了一個女兒。」即使歷經重挫，蔡瑞月仍堅定地在焦黑的斷垣殘壁中，完成了舞作重建。

她的青春多樣，讓她在太平洋上創作《印度之歌》與《咱愛咱台灣》，她的思鄉憶子之情在獄中悲愴舞出《嫦娥奔月》與《母親的呼喚》，白色恐怖的壓迫侵害讓她在出獄同年編創台灣第一支人權舞作《傀儡上陣》。她的一生就像台灣舞蹈史與歷史的縮影，傷痕累累，卻又帶著那份勇氣與堅定，鮮豔並熱情地在玫瑰古蹟上翩翩起舞。

本文摘自《民報文化雜誌》第五期
（二〇一五年三月一日出版）

台灣第一位雕塑家　黃土水

蘇振明

出生於艋舺祖師廟後街的黃土水，父親是三輪車體的木匠師，他卻被住家附近的佛像雕刻師工作吸引，而在少年心中埋下成為雕塑工作者的心願。

一九一一年，十六歲的黃土水考進國語學校公學師範部乙科（現台北市愛國西路臺北市立大學），或許是幼年家庭木匠業和社區佛像街的耳濡目染，他在少年時期便展現了在雕刻方面的天分。在國語學校師範科畢業那年的畢業展中，他以《觀音像》和《李鐵拐》這兩件雕刻作品名傳全校。

少年黃土水就展現雕塑天分

一九一五年黃土水國語學校畢業，分發到台北太平公學校擔任訓導。因具有雕塑才華被台灣總督府民政長官推薦，進入東京美術學校雕塑科，跟隨木雕大師高村光雲學習。一九一九年，當時二十四歲的黃土水完成了具有台灣河蚌精靈之稱的《甘露水》，因而以優異的成續再度免試直升研究科，在研究科中他習得了各種現代雕塑的技巧。

一九二〇年，二十五歲的黃土水對雕塑展現高度的創作力和挑戰意識，他以台灣排灣族的村童吹鼻笛作為創作主題，以石膏完成作品《山童吹笛》，入選第二屆帝展，成為台灣第一位入選日本帝展的開創者。黃土水的雕塑入選帝展，筆者認為應具有兩大意義：首先他以殖民地台灣藝術家的身分，在帝展平台上與統治國日本的藝術家平起平坐；同時黃土水的入選帝展也激發一九二〇至一九三七年台灣留日藝術學生的浪潮，這期間台灣青年進入東京美術學校就有二十二人之多。

為藝術打拼　吃地瓜省錢買材料

黃土水自幼秉持「天才即努力」的信念，在日本求學時更是加倍用功。他常因為在學校用功到很晚，造成校工無法關校門的困擾而遭校工抱怨；他也常為了省錢買材料，而利用空罐頭煮地瓜，一邊充飢、一邊工作，是一位為藝術打拼的台灣奮鬥青年。

成了專業的雕塑家後的黃土水，經常以家鄉的風俗信仰和台灣水牛作為創作的內容，其傳世代表作有《釋迦出山》和《水牛群像》。《釋迦出山》為艋舺地方人仕出資委託黃土水為龍山寺所作的作品，原作材質為櫻木，於二次大戰期間為盟軍飛機炸毀，現存的石膏原模後經文建會出資翻銅鑄造，並送給三大公立美術館典藏。

《釋迦出山》為傳世代表作之一，黃土水當年接受艋舺仕紳集體出資委託創作，創作前他經過考據研究，前後共費時三年才完成。為了表現釋迦的神情，黃土水研究天竺人的長相、佛祖成道的歷程、各地仙佛的遺像，花了許多時間去蒐集資料、試驗創作，終於完成了《釋迦出山》這一作品。

雕塑作品中的釋迦佛祖閉關歷經苦修頓悟之後，決然站起雙手合掌，再度步向人間，象徵著佛祖與人間共苦共難的救贖精神。值得注意的是釋迦的臉像展現凡間世俗長者冷靜平和的容顏，是雕塑家刻意將佛陀塑造成具有親民性的人間佛扮相。

抱病創作《水牛群像》黃土水遺世絕作

《水牛群像》是黃土水臨終前最後傑作。黃土水研究水牛早在一九二二年東京美術學校研究科畢業後就已開始。因為水牛是台灣任勞任怨的農耕幫手，具有台灣社會力的圖騰象徵。所以二十七歲那一年他回台灣，特別借來一頭水牛，並且養了白鷺鷥，仔細觀察牠們的生態，以進行水牛的研究。

被視為表現台灣水牛最成功的藝術作品《水牛群像》，是一件大型浮雕。浮雕中呈現悠閒的五隻水牛側身像，搭配三位側身裸體牧童，兩位騎在水牛背，另一位親切地跟小牛觸摸對話，展現人與動物間的親密情誼，背景是台灣農村常見的香蕉林葉，整幅作品散發出豔陽夏日人牛相依休憩的溫馨情景。

《水牛群像》作品別稱為《南國》，是黃土水抱病嘔心瀝血的遺世絕作。一九三〇年十二月十六日，黃土水因慢性盲腸炎發作延誤診治，五天後溘然辭世。目前這幅《水牛群像》的石膏原作陳列於台北市中山堂二樓。黃土水的《水牛群像》不僅是福爾摩沙天人合一的美感象徵，同時也宛如是黃土水藝術家向統治國日本宣揚「台灣雖是日本統治的南國，但這裡絕對是一座愛好自然與和平的美麗島嶼」的祖國人文圖像。

本文摘自《民報文化雜誌》第十期

（二〇一六年一月一日出版）

童真的色彩大師 廖繼春

蘇振明

佃農之子的自畫像

一九二六年，二十四歲的廖繼春《自畫像》完成於東京美術學校，這是每一個畢業生的留校之作。來自台灣豐原佃農之子廖繼春，畫筆下將自己描繪成憨厚、沉默、童真的臉譜。

畫中少年廖繼春，兩年前才與大地主的女兒林瓊仙結婚，靠著太太擔任幼教老師的薪水支援，到東京來挑戰畫家之夢。心情沉重地思索著：身為日本殖民地的台灣畫家，為何拿畫筆？畢業返台後，可以做些什麼？

廖繼春心裡又想著，拿畫筆學藝術對農家子弟是一種奢侈，還好有一位志同道合的李梅樹同窗，同樣都接受石川欽一郎老師的啟發，共同追尋著東京藝大的留學之路。

挑戰日本帝展榮耀

東京藝大畢業後的廖繼春，一九二七年返台之後服務於台南長老教會的長榮中學。因太太的激勵，廖繼春開始著手挑戰第九屆日本帝展的油彩，住於台南府城的家，為了展現南台灣的鄉土風情，描繪陽光下的香蕉樹、閩南大宅院、晚清裹小腳的綁辮子婦女，終於在一九二八年完成《有香蕉樹的院子》油畫大作，並且如願第一次獲得帝展榮耀。

這幅廖繼春的早期代表作，表面上雖是西洋印象派的彩描繪手法，但更重要的是畫家此畫展現了祖國台灣熱帶島嶼的鄉土民情。榮獲帝展榮耀的廖繼春，接著又在一九三一年以高雄火車前的樣貌為主題，完成了《有椰子樹的風景》，並且再度入選第十二屆帝展。

一九二八起，往後的二十年間廖繼春返台描繪鄉土之美，陸續得獎的創作高潮，因此也從長榮中學美術教師陸續被延聘任教於臺南一中、臺中師範、臺北師範等校。

以色彩取代具象描述

梅原龍三郎是日本民族性色彩強烈的大畫家，廖繼春三度陪同（一九三三～一九三五）日本畫家梅原龍三郎到台南寫生，並深受梅原粗獷筆觸與豪放色彩的啟發。廖繼春也逐漸脫離印象派的自然表象描繪，嘗試融入野獸派的主觀色彩率真表現。因此在廖繼春的調色盤上，紅、黃、藍的顏料大量消耗，並且在畫布上，不斷地展現民俗節慶的歡樂色彩。

一九六二年「廖繼春・席德進聯合畫展」於台北美國新聞處，兩人的畫風明顯跳脫台灣當時畫壇的印象派流行風，這場聯合畫展被視為七〇年代台灣美術新風貌，兩人展後收到美國國務院之邀，並同赴美國考察並轉赴歐洲寫生。

二次戰前的廖繼春畫家，描繪台灣鄉土，期待能在日本帝展尊嚴展現殖民地畫家的祖國之美。二次戰後的廖繼春，期待台灣能經由殖民地解放，透過本土藝術創作同步參與國際藝壇。基於上理念，一九六二年廖繼春的《作品A》，是他以色彩代具象描的典型代表作。

在《作品A》中，有了類似「非標題音樂」的命題。庭院中的樹木花草，釋放出春天的芬芳但看不到具象的花木描繪，顯然畫家已經放棄了印象派的自然寫生手法，展露的反而是心靈直覺的意象表現。

類似《作品A》的風格之作，我們可以在一九六二《西班牙古城》、一九六五《船》、一九六六《庭院》、一九六九《林中夜息》這一系列作品中見證到。由此可知，六十一歲應邀赴美考察國際藝壇之旅，對其中晚年的藝術思維與表現有著關鍵性的影響。

打開台灣現代抽象之門

赴歐美考察現代藝術返台後的廖繼春，在一九六三到一九七三受聘於師大、文大、藝專美術系任教，直接參與七〇至八〇年代，台灣大專美術教育的改革與推動。廖教授上課話語不多，但其畫風與教學可視為台灣現代美術的精神導師。在當年台灣畫壇瀰漫著鄉土論戰與中華文化復興運動的氣氛之下，廖繼春早在一九五五年就鼓勵大專學生畫抽象畫，不久更直接鼓勵學生成立「五月畫會」。

七十四歲的廖繼春，發表了《西班牙特麗羅》，是他逝世前一年的力作。這幅油畫可視為他晚年童真風格的代表作之一，畫中雖然描繪西班牙特麗羅古城，但浪漫筆觸與童話色彩的一貫表現，也同樣嶄露在描繪台灣風景的觀音山、龜山島風景畫中。

一九七六年二月十三日廖繼春因肺氣腫病逝，享年七十五歲。廖繼春早年大作《有香蕉樹的院子》後來由他的家屬捐贈給台北市立美術館，北美館也因此立「廖繼春油畫創作獎」，每年定期獎勵油畫創新青年畫家。

本文摘自《民報文化雜誌》第六期（二〇一五年五月一日出版）

傑出畫家與美育推手李澤藩

蘇振明

一九〇七年，李澤藩出生於新竹武昌街。童年時期家庭經濟濟拮据，孕育出凡事認真務實、努力上進的性格，也影響其一生培育學生和教養子女的態度。

受老師石川欽一郎影響　奠定創作基礎

一九二一年，李澤藩就讀臺北師範學校（現今愛國西路的臺北市立大學），成為石川欽一郎的學生。從英國學習透明水彩的石川，被聘為台北總督翻譯官，公餘兼任臺北師範圖畫課教師，特別強調西方印象派的觀察寫生教學，也將西洋繪畫理論內涵科學實證主義的思考模式，傳授給台灣青年，也為李澤藩、廖繼春、李梅樹等台灣前輩畫家奠定近代美術的創作基礎。

「叫我美術老師，不要叫我畫家。」這句話正道出李澤藩踏實謙虛的性格。李澤藩不僅是名列台灣十大前輩畫家之一，更是畫壇中難得的美育推手。

傑出畫家與美育推手

一九二六年（二十歲）畢業後，李澤藩返鄉任教於新竹第一公學校（今新竹國小），除了美術、音樂藝能科外，同時也是學校教師網球隊隊員，可稱是難得的文武雙全青年。一面教書一面拿水彩畫筆的李澤藩，三十歲前的畫風，接近於石川老師的英國透明水彩風格。

或許受到三〇年代臺灣文化協會與台展鼓舞在地美學的影響，一九三七年《吊桶／淯雅村農家風光》，三十一歲的李澤藩，開始以不透明水彩技法描繪了台灣早期農村的吊桶取水情景，結合槓桿原理的水井吊桶，可稱為農村生活科學水利法。畫面色彩古樸，近似油畫的厚實感，也為消失的農村風情留下一幅難得的文化圖象。

勤儉惜物的李澤藩，總是把不滿意的水彩一改再改，終於悟出具有個人特色的水彩「擦洗法」，不僅將不滿意作品改頭換面，而且重新賦予重疊與厚實的不透明風格。

李澤藩教學與創作理念　把握靈感大膽嘗試

「觀察自然、把握靈感、大膽嘗試、用各種方法表現到底」這些創作理念，正是李澤藩返鄉教學與創作的主張。桃竹苗風景是李澤藩的計畫性創作，從新竹青草湖風情、河岸蘆葦飄白、到大霸尖山雄姿，這一系列的水彩畫作，也為家鄉留下珍貴的在地風情。

除了風景畫，李澤藩代表作還包括家鄉名勝古蹟。一九七六年《潛園懷古》，描繪早期新竹士紳記憶中潛園探梅的美景，這座庭園古蹟在日治期被統治者藉開路之名強力拆除，並於一九七七年後形同廢墟。

《送出征》作品　關懷社會人文

從台灣美術史的觀點來看，李澤藩可與倪蔣懷、藍蔭鼎並列為台灣三位傑出前輩水彩畫家。同為石川學生的三位水彩畫家，作品中也同樣各具有強烈的家鄉風土情懷，倪蔣懷描繪汐止和金瓜石的溪流村景、藍蔭鼎筆下的宜蘭竹林和養鴨人家，李澤藩則以厚實水彩層疊描繪出竹苗客家風情。

跳脫風景畫，李澤藩在社會人文作品，也多有關注。一九三八年《送出征》，是台灣美術史中描繪台灣庶民在日治期殖民生活的難得作品。畫作中的景點，正是巴洛克建築風格的新竹火車站前廣場，擁擠的人潮正在為被徵召為日本皇軍的台灣青年掛彩帶送別，畫家藉此作記錄公學校同事前田滋雄被徵召為皇民軍的情景，值得注意的是，此作完成於二次戰爭爆發的前一年，完成後幾乎很少公諸於世，反而在畫家往生後才被美術史和藝評家引起注目。

叫我美術老師　不要叫我畫家

一九七四年李澤藩獲中華民國畫學會金爵獎，一九八三年由文建會選為台灣十大美術家之一。由於李澤藩的繪畫成就，因此他先後被聘為新竹師專、國立藝專、臺北師大美術系的教授。一生嚴謹務實創作教學的他，在課堂中是一位嚴格的美育教師，要求學生透過理性思考管理畫具和作品美學，也因此常將「叫我美術老師，不要叫我畫家」掛在嘴邊。在家裡，畫家李澤藩也是一位教子有方的父親，培育出諾貝爾獎得主李遠哲和近十位博士子女。

一九八九年李澤藩因病去世，享年八十三歲。兒女在家鄉故居為他成立「李澤藩美術館」，觀眾來到這座紀念美術館，不僅可以觀賞到李澤藩的各時期代表畫作，還可以在美術館的特展室目睹李澤藩在臺北師範時期親手製作的木書架、以及他親手編繪的美術課本和掛圖，見證李澤藩這位前輩畫家，曾經也為美術教育扮演重要的推手。

本文摘自《民報文化雜誌》第八期
（二〇一五年九月一日出版）

本土漫畫開創者劉興欽

蘇振明

《阿三哥與大嬸婆》對生長於台灣的四、五年級生來說，是伴隨年少成長的回憶。在台灣電視卡通還沒有普及之前，漫畫家劉興欽作品中富有正義感的大嬸婆、多點子的阿三哥、善心助人的機器人，幾乎成為兒童腦海中解決問題的虛擬偶像。

客家頑童變漫畫鬼才

一九三四年出生於新竹橫山大山背農家的劉興欽，體格粗壯、皮膚黝黑、說話大聲，是標準的鄉下頑童。當時從家裡到竹東要走六個小時，就知道是在怎樣的深山峻嶺裡。

劉興欽小頑童的把戲一籮筐，幾乎可以拍成電影。他為了幫助採茶婦女脹乳之痛，常被婦女叫去吸乳，三兩下就把茶娘的奶水吸得清潔溜溜。逃學的劉興欽曾在山洞捏塑泥人菩薩，竟然讓村民誤會神仙顯靈，紛紛到此燒香膜拜。他幸運地遇到能理解頑童與創意的陳勝富校長，為了讓學生可以安心讀書，答應讓牛牽到校園吃草。在上學途中，劉興欽為了採草藥晒乾賣給中藥店賺錢貼補家用，竟然讓校長室堆藥成山，成了草藥店了。

劉興欽從小喜歡拿木炭在磚牆上塗鴉，學校課本上圖得滿滿，雖然被揍，照畫不誤。美軍諷刺日本軍官的漫畫宣傳單落到他手裡，他依樣畫葫蘆，這也成為劉興欽日後逗趣的四格漫畫的創意藍本。十七歲的劉興欽考上臺北師範學校藝術科，從此改變他的人生，一手拿粉筆教書，另一手拿畫筆畫出台灣本土的原創漫畫天地。

鄉土人物化身文化角色

一九五四年間香港漫畫充斥台灣，誤導許多學生要入山尋仙拜藝，也引發漫畫與教育價值的爭論，而劉興欽適時推出一本十六頁，每頁六幅的《尋仙記》，趁勢以本土教育漫畫擊敗香港虛幻漫畫，從此為劉興欽開啟漫畫家之門。

一九五九年為了乘勝追擊，劉興欽將自身憨直性格化身為漫畫中的阿三哥，也將母親轉化為大嬸婆角色。這兩個角色看似鄉巴佬傻里傻氣，卻得到台灣及東南亞讀者的喜愛。

阿三哥與大嬸婆這兩個角色，誕生於二次戰後的重建期，展現出台灣鄉民純樸善良的本質，透過逛都會遊台灣的故事情節，不僅引領讀者理解城鄉文化的落差，並且開啟了電視卡通未普及前的兒童想像力。創意不停歇的劉興欽，於一九九一年移民美國舊金山，不僅在《北美世界日報》連載漫畫「大嬸婆在美國」，更於舊金山創立「大嬸婆創意學校」免費教導華人子弟學習母語。大嬸婆這位鮮活的漫畫人物，終於成為台灣與國外僑民區的國際性文化代言角色。

多重創意　挑戰科學發明

漫畫是一種想像力的藝術，造型誇張逗趣，內容可以是現實世界的諷刺，也可以是超現實世界的虛擬。正因此，漫畫家需要有洞察社會的眼光，同時也需要有天馬行空的想像力。

劉興欽從小在內灣大山背農村長大，貧窮沒有畫筆沒有玩具的生活，反而是激發他想像與發明的原動力。

從《尋仙記》漫畫問世起二十年間，劉興欽的漫畫著作陸續推出大嬸婆、阿三哥、丁老師、小聰明、機器人等系列作品，並因此榮獲當選第十三屆文藝獎。

如何將虛擬的漫畫世界變成造福人間的科學發明呢？這是頑童劉興欽變成發明家劉興欽的挑戰功課。他以生活用品類和教育用品類為兩大研發主軸，陸續推出自來免削鉛筆、語言自學機、音樂演奏鞋、丁字型冷熱水龍頭等系列專利產品，終於在一九七四年榮獲中華民國第一屆產品設計獎，接著陸續也獲得日內瓦、紐倫堡等國際發明展大獎。

文創代言家鄉　帶來觀光榮景

劉興欽漫畫中的主角，創作靈感皆取材自家鄉真人真事。為了回饋家鄉，二〇〇〇年，他將筆下的漫畫人物大嬸婆、機器人、阿三哥等，授權給新竹縣內灣作為形象商圈的文創代言，更設立「劉興欽漫畫暨發明展覽館」，不僅為當地創造商機與就業機會，也成功透過文創打造內灣線小火車的觀光旅遊榮景。

本文摘自《民報文化雜誌》第八期
（二〇一五年九月一日出版）

張李德和　「嘉義畫都」的藝文推手

李伯男

「嘉義畫都」泛指嘉義被稱為「畫都」的時代，與後人引申為畫都風華永續傳承的期許。源起於日治時期，嘉義畫家參加台展成績優秀，展露群體才華。至一九三八年首回「府展」，入選人數佔有二成，臺灣日日新報以「嘉義乃畫都，入選者占二成。」為標題，報導展覽訊息，嘉義的繪畫表現成為台灣藝壇注目的焦點。關心地方文化者賴雨若、蘇孝德、賴尚遜、張長容、賴子清、張李德和……等，贊助畫展與推廣藝文活動。愛好美術人士周燕、張洋柳、黃丁酉……等支援自勵會學習，聘請林玉山為講師，栽培青年美術作家，厚實參賽能力。這些士紳女史都是成就「畫都榮耀」背後功勞者。

「琳瑯山閣」為嘉義藝文活動的重心

嘉義文化以詩、書先興，詩人雅集之風沿自清代，詩社活動在日治時期達到高潮，有「羅山吟社」、「玉峰吟社」、「鷗社」、「嘉社」、「連玉詩鐘社」……等。一九二六年，詩人活動常聚於「琳瑯山閣」，此處幾乎成為嘉義藝文活動的重心。琳琅山閣成立於諸峰醫院，主人張李德和能詩善畫，夫婿張錦燦為諸峰醫院醫生，夫婦溫雅好客，熱心公益。「琳瑯山閣」賓客往來不絕，吟詠之聲幾無中斷。一九二七年「台展」首辦，陳澄波與林玉山都入選，隨即知名於嘉義藝壇，不久林玉山為山閣常客，而陳澄波也時有參與。因畫家的加入，詩文書法琴棋雅集發展為詩書畫為主的活動，常見有即興合作留下的詩畫墨寶。來訪客寓的北平大學美術教授王亞南，與在地雅聚交流，提議組織團體，啟發一九二八年「社書畫會」創立。之後，結合美街與各方文會，春萌畫會、書畫自勵會、墨洋社、嘉義書畫藝術會及青辰畫會等陸續成立，拉開嘉義美術走上台灣重要美術舞台的序幕。

張李德和（一八九三～一九七二），生於西螺，小時候即入書塾習漢文，父親傳授書法，一九〇八年就讀於台北國語學校附屬女學校。一九一二年嫁嘉義街拔元巷張錦燦醫士。曾組琳瑯山閣詩會、連玉詩鐘會，並參與鷗社、羅山吟社等文人聚會。一九三三年開始參加「台展」、「府展」，並加入「春萌畫會」。一九三九年起，以蝴蝶蘭、扶桑花、南國蘭譜於府展連獲特選三次，後膺推薦免審查展出。美術史學者林柏亭撰述張李德和時，描寫她：「……賦性恬靜，珠璣滿腹，有不櫛進士之稱。馳騁於藝苑，謙恭禮士，慷慨接物，文人雅士，往返於逸園者，絡繹不絕，對於藝壇多所貢獻，也是主導贊助藝文活動的重心」。

「逸園」是琳琅山閣屋後庭園，一九三五年陳澄波曾有油畫描繪花園風光，噴水池、松樹、楊柳、奇花異石……等小巧精美的日式庭院。園中涼亭稱為「題襟亭」，一九五〇年林玉山也畫「題襟亭雅集圖」，描寫園中藝文交流熱絡景像。而參加台府展的嘉義東洋畫家表現的題材，也多數寫生自張李德和的逸園造景。一九五五年南部展在嘉義展出時，嘉義畫家團圓與會，在此留下影像。琳琅山閣是嘉義藝術成長的起始點，其主人熱心參與，帶動地方文化發揚光大。

曾任台灣省議員　張李德和提倡女子教育

戰後，張李德和當選台灣省議會第一屆省議員，提倡女子教育的重要性，籌辦婦女會、愛蘭會等，推廣女性教育與社會改進。創辦「玄風書道會」，推動書道傳承。在遷居台北之後，仍關心嘉義藝文環境，囑託書法家陳丁奇主持「玄風館」，推廣書法藝術與詩文修養。在文史書寫方面，有《葉王交趾陶》及《嘉義縣志卷六學藝志》（一九七五年由嘉義縣政府出版，原稿由張李德和纂修，後由史家賴子清重新編纂），為嘉義藝術史留下珍貴文獻。與台灣美術史學者林柏亭所著《嘉義地區繪畫之研究》，先後成為研究日治時代嘉義藝術家的重要史料。

張李德和長期關心藝文環境，贊助嘉義地區之詩書畫活動與展覽，參與多領域的創作交流，整理嘉義最早的美術史料文本，標立學習的典範，帶動地方文化發展。二十世紀末葉，嘉義市文化中心主任賴萬鎮依據史流基礎，以「傳承諸羅古文風，創造嘉義新文化」主張，對嘉義畫都精神有更多著墨，擬定各項藝術城市形象行銷的策略。二〇〇三年李伯男與戴明德合著《台灣美術地方發展史全集——嘉義地區》，將嘉義美術史建立完整的軌跡，彰顯「畫都」時代的成就與光榮，鼓勵後學積極創作與促進學習的動能。跨越時代，張李德和影響著嘉義文化傳承脈動，是「嘉義畫都」首位重要的藝文推手。

本文摘自《民報文化雜誌》第三期
（二〇一四年十一月一日出版）

推動南台灣美術的舵手郭柏川

蘇振明

台灣近代美術運動雖以台北為主要發展重心，但越過濁水溪的南台灣，則以台南府城為南部畫都。出生於台南的畫家郭柏川，其一生的繪畫創作不僅開創東方的美學探索，也是著手推動南台灣美術發展的關鍵人物。

推動南台灣美術發展的關鍵人物

郭柏川（一九〇一～一九七四），小學就讀台南第二公學校（今台南市立人國小），後來考上台北國語學校（今臺北市立大學）師範部乙科，並與李梅樹為同學，接受石川欽一郎老師的指導。一九二一年郭柏川從國語學校畢業，返鄉擔任教職。

對美術抱著高度熱誠的郭柏川，並未因教職而放棄從事繪畫的夢想，在一九二八年考上東京美術學校，並前往日本進修。一九三三年，以半工半讀的方式於日本近代傑出畫家梅原龍三郎處習畫。一九三七年他隨梅原老師前往中國，並於滿洲國各地寫生。

郭柏川結識日本畫家梅原龍三郎，是他學藝歷程中重大的轉折點。梅原的個性豪放，畫風粗獷，作品接近西洋野獸派的特質。梅原與郭柏川氣味相投，北京濃郁的中國風，也為他二人的藝術開擘了新局。故宮紅綠相間的氣宇建築，青花古瓷特有的內蘊色澤與透明質感，甚至水墨宣紙的暈染效果，都給了郭柏川豐富的創作靈感，終於成功地引領他在宣紙上運用西方油彩表現出東方特質，成就郭柏川個人獨步藝壇的繪畫語言。

在宣紙以油畫顏料作畫　成為特色

一九三八年，他於北平師範大學與北平藝專擔任教職。兩年後郭柏川與北京籍的朱婉華結婚，當時在北京的台籍音樂家江文也寫了一首結婚進行曲祝賀。

一九四三年郭柏川觀賞黃賓虹的收藏作品，受到啟發，認為中國宣紙的持久性優於西洋的油畫布，而開始嘗試在宣紙上以松節油調油畫顏料作畫，此後郭柏川終其一生以宣紙或是其他紙質媒材作為創作媒介，這成為他繪畫成就「東西合璧」的一大特色。

轉換媒材的初期，由於宣紙無法支撐厚塗油彩的重量，郭柏川只得遷就小規格尺寸的創作，且盡量薄塗，以降低紙張的負擔，並多量使用松節油，形成渲染的效果。但是由於宣紙不若和紙厚且纖維較粗，不耐修改磨刷，下筆必須快又準，奠定了郭柏川輕快、明亮的創作特質。

推動「南美獎」　獎勵青年藝術工作者

一九四八年，因國共內戰郭柏川決定舉家回台，後於台南的省立工學院建築系（今成功大學建築系）任教。返台後郭柏川的創作風格，更將中國式的風格融入台灣民間器物、刺繡與廟宇紅牆。其畫風特點是單純但深入、著重構圖且色彩渾厚，嚴謹也筆觸精準，其線條處理更隱含中國書法的意境。

台南古都為延平郡王開台聖地，向為文化首府，人文薈萃，英才濟濟。基於這樣的背景，任教於國立成功大學的郭柏川，於一九五二年五月邀集台南市畫家呂振益、沈哲哉、張炳堂、張常華、曾添福、黃永安、趙雅祐、謝國鏞等人，發起組織一個純粹以美術研究和作品交流分享的團體。同年六月十四日在台南市民生路醫師公會禮堂，正式成立「台南美術研究會」，簡稱「南美會」，由律師謝碧連擬定章程，並向台南市政府立案，推選郭柏川為首任會長，制定「南美獎」以獎勵優質青年藝術工作者。

「南美會」為南台灣藝術文化注入泉源

一九五三年二月舉行第一屆「南美展」。除了展出西畫作品外，並增設雕塑與攝影類別。

同年三月於安平路創設「美術研究所」，培植藝術新秀。一九七四年因郭柏川教授病逝，增設「柏川獎」以為紀念。

「南美會」從一個地區性的畫會，為早期南台灣的藝術文化注入一股泉源，不僅帶動台南地區的美術風氣，且為濁水溪以南的本土美術創作者提供了難得的交流平台，至今歷半個世紀，在台灣美術史仍深具影響力。

台南府城為台灣美術發展史上的南部畫都，三百多年來所堆疊的文化樣貌，反映出時代脈絡與城市風格，同時也培育出郭柏川、廖繼春、朱玖瑩、潘春源、陳玉峰、蔡草如、顏水龍、劉啟祥等台灣美術發展史上重量級藝術家。

若一九五〇年代沒有南美會的創立，現今府城藝文界不會有此輝煌發展。在台南縣市合併，升格為院轄市之後，台南市長賴清德致力啟動「台南雙美術館」計畫，我們除樂觀其成，更感念當年郭柏川推動美育的深謀遠見。

本文摘自《民報文化雜誌》第五期
（二〇一五年三月一日出版）

梵諦岡也邀他作畫　全球唯一的柏油畫家邱錫勳

程正德

原創性的柏油創作

邱錫勳老師原本是漫畫家，以「山巴」為筆名，陸續在各報章雜誌發表漫畫，退伍之後也曾擔任漫畫雜誌主編，更定期地在報紙專欄上供稿。戒嚴時期的白色恐怖氣氛下，當時言論自由受限，就連藝術創作也處處遭到為難，因為邱錫勳的作品總帶有一些幽默感及諷刺意味，往往還等不到讀者的回應，政府當局就先來干涉了。

邱錫勳覺得自己的創作道路，被許多外在因素限制了發揮的空間，便慢慢地轉向自己原本擅長的水墨、油畫的創作。但在水墨、油畫的創作過程，邱錫勳碰到了創作的瓶頸。在亟欲突破的狀況下，邱錫勳正視了藝術最珍貴的「原創性」。他心想，既然畫不出自己的特色，突破不了窘境，不如就為自己多增加一點想像力，尋找一項新的創作題材。

一日午後，邱錫勳在路間散步，看到工人利用柏油修補路面的坑洞。工人將加熱後的柏油，毫無忌憚地潑灑到路面，那潑灑的美麗線條吸引了邱錫勳的目光，他心想，若將柏油也潑灑到畫布上，會是如何的情形？基於好奇心驅使，邱錫勳跟工人要了一塊尚未加熱的柏油塊回家，打算要試試這個好玩的遊戲。他沒想到就這樣玩上了癮。

剛開始柏油創作時，邱錫勳便發現柏油有許多缺點，必須克服。柏油需經加熱才會呈黏稠狀，但應用於畫布上則缺乏附著力及安定性，邱錫勳為了創作能更加順暢，他多次拜訪化工專家，學習加強柏油的安定性，不僅稀釋柏油，並加入熱熔膠，幾番試鍊後才改良成易操控、又安全的柏油畫素材。

「人間百態」備受推崇

創作柏油畫時，邱錫勳多以自己擅長的童年記趣、市井小民的生活寫實為主，畫中人物不僅樸實，還有一股抹滅不了的純真。他的畫作就是簡單地將畫中人物及背景，用一篇小故事、一則順口溜串起來，讓人會心一笑，莞爾點頭，完成他想傳達的意境傳達就夠了。

一九八〇年，邱錫勳推出第一次柏油畫個展——「憶童年」，展出後藝壇評價毀譽參半，保守者認為他的作風標新立異，愛作怪！他還被冠上「對傳統藝術不尊重」的惡名。一波波抨擊的聲浪讓邱錫勳備受打擊。但邱錫勳不服輸的個性，使他赴美加遊學時，再度嘗試將柏油畫參展，以「人間百態」為題在美加各地展出。展出後歐美人士對他這種「半立體」的畫作，十分推崇。

當邱錫勳從海外載譽歸國後，台灣藝壇對柏油畫，才開始接受，日後許多人士認為柏油畫所呈現的氣度恢弘壯觀，可以「細緻精準」也能「氣勢磅礡」。

柏油所呈現出的線條很自然，卻又十分黏稠，用一般的畫筆來作畫比較不適合，「只要是拿起來順手的，我都會把它拿來畫畫看！」邱錫勳的工具箱裡擠滿了各式各樣的湯匙、勺子、刮刀，以及變形的容器等等。「放膽去畫，不要怕錯！」這是邱錫勳在創作時所抱持的想法。藝術家創作時，必須擁有這種放手一搏的決心，愈是猶豫不定、左顧右盼，便愈會覺得綁手綁腳，毫無空間伸展！

達摩是他作畫的動力

一九八五年左右，邱錫勳開始用柏油創作，巧妙地將達摩及鍾馗的神韻勾勒得出神入化！「如果每個人的心中都有一位維納斯，那麼達摩便是我心中的維納斯。」邱錫勳老師認為自己與宗教的緣分有所牽引，但畫達摩及鍾馗並非宗教的緣故，只因為祂們是促使邱錫勳努力作畫的動力。

邱錫勳從不擬草圖作畫。畫達摩時，只見他拿著自己慣用的湯匙舀起柏油，作畫的手忽高忽低、忽左忽右，一時停頓一時轉肘，一幅栩栩如生的達摩畫像便完成。「創作柏油畫沒有想像中的難，手提高，線條就細、輕；手放低，線條就粗、重。」

常溫下，柏油易凝固，這正是柏油畫「不怕畫錯」的優點。創作中，人總難免出錯，但柏油畫一經冷卻，錯誤之處的柏油塊便可輕易用扁嘴夾夾起丟棄，「沒想到夾子也可以當作橡皮擦吧！」邱錫勳沉穩幽默地說著。

經過了二十五年的洗鍊，邱錫勳不僅多次受邀到國外展覽及教學，甚至受邀至梵諦岡，為教宗若望保祿二世作畫。教宗深受邱錫勳的創作風格吸引，認為他的作風值得世人學習仿效，太過照本宣科，人生就少了該有的樂趣。在世界各地展覽及教學時，邱錫勳從不刻意去開班授徒，若遇到有心學習的學生千里迢迢前來請教，邱錫勳則會傾囊相授，毫無保留！至於是否要把這項獨特的新藝術傳續下去，邱錫勳仍帶著不變的笑容表示，「隨緣啦！這不是我所能決定的！」

本文摘自《民報文化雜誌》第十七期
（二〇一七年三月一日出版）

彩繪巨匠陳穎派

蔡宏明

作品若要好，要用工落去做。

——陳穎派

彩繪匠師家族

彩繪匠師陳穎派，已經八十一歲，業界都稱他「派司」。他十二歲就跟父親陳萬福學藝，而陳萬福的功夫，是姑丈公葉成教的。葉成是富傳奇色彩的彩繪匠師，據說他恃才傲物，他承作彩繪，總是故意留下一半讓別人做，等完成後兩相對照，好證明自己功夫高人一等。葉成綽號「臭腥成仔」，因抽鴉片而身體羸弱，最後死在日本政府的勒戒所。

從前很少有專業彩繪匠師，大多是窮苦農家於農閒時兼作彩繪增加收入。派司說，他父親原本跟著葉成作彩繪，但為了養家活口，遷居到土庫開設五金行，幫人釘玻璃、製作店招，偶爾才作彩繪或幫民宅油漆。派司一九三三年在土庫出生，九歲那年，因大東亞戰爭，景氣轉差，父親才遷回和美老家，一邊種田，一邊靠彩繪為生。

陳穎派是長子，跟著父親外出彩繪，邊學邊做，十五歲出師，開始他一生的彩繪匠師生涯。葉成沒有子女，又很早過世，卻把彩繪手藝傳給陳萬福，陳萬福再傳給長子陳穎派、次子陳穎群，而接下來的一代也都傳承了這項技藝。整個家族，一共出了十二位彩繪匠師，在台灣傳統建築彩繪業界十分罕見。

彩繪雙絕

派司從父親學到最傳統的彩繪技術，從拌豬血土、調公灰、煮桐油，到披麻捉灰、地仗處理、色料調配，各式垛頭圖案的設計、擂金、安螺鈿，到垛仁的人物描繪，這些必備的基本功夫都通過試煉。

他十幾歲出師就獨當一面，但戰後經濟蕭條，工作很少，收入很差。十八歲那年為了娶妻的聘金，他到當時營建中的西螺大橋承接油漆工作，工作危險，可是一年賺了七千多元，而聘金只要一百八十元。雖然結了婚，還剩不少錢，婚後兩天聽人說霧峰有彩繪工作，他馬上帶著工具離家。

派司早期的枋心描繪，除了觀摩父親作品，也參考《馬駘畫寶》畫稿。因地緣關係，他承接許多彰化、鹿港、員林的廟宇彩繪，更經常與同行切磋畫藝。一九六〇年代晚期以後，派司承作鹿港天后宮、武廟、忠義廟等廟宇彩繪時，與鹿港名家郭新林的同門師兄弟柯煥章（一九〇一～一九七二）結緣，受到柯煥章畫風影響頗多。

派司「彩」、「繪」皆精。所謂「彩」，指的是梁、枋、柱、楹、楣、桷、斗、栱等木構架的打底、油漆及垛頭圖案繪製；而「繪」指的是在垛仁、牆面、門神等各種主題的描繪、上色。

他設計的圖案，以朱紅、佛青、綠色為主調，構件層次分明，富節奏感。「垛頭」裝飾螭虎（賜福）、曲己、番草線、惹草（螭虎造型的演化）、書卷，中脊脊飾太極、八卦、龍鳳，還有瓜筒、包巾等，造形比例極為優美，化色（或稱退暈）十分和諧。

他彩繪的廟宇採用朱紅及安金技巧，富貴華麗而莊嚴；書院文廟建築，則以深沉的土朱色為主調，肅穆而雅致；祠堂建築，柱身、門板大面積塗刷顏色以黑色為主配上朱紅楹仔，沉穩而不呆滯。

他的垛仁繪畫、門神繪畫，構圖嚴謹，線條靈活，呈現氣韻生動的美感。所畫主題，多取材自歷史故事演義、民間戲曲傳說，表現忠孝節義的內涵。裝飾性的圖繪，則講究典徵、吉語、諧音，如吉慶呈祥、加冠進爵等，具有豐富的文化內涵。

修古蹟，傳技藝

派司彩繪的寺廟，幾乎遍及全台。問他自己最滿意的有哪些，他謙虛地說：「鹿港城隍廟、南投藍田書院、和美道東書院、大肚磺溪書院、彰化元清觀天公壇……這幾處，我自覺對社會可以交代。」

回顧彩繪匠師生涯，有甘也有苦。他說，以前造廟、修廟的彩繪很少，有時也作室內裝潢的油漆。為了生活，連大煙囪油漆都接。

一九七八年首次參與古蹟修復，因為遵照傳統工法，成效受到肯定，往後就不斷受邀參與古蹟的修復。如今古蹟修復已經很有經驗，他根據建築師及專家學者的調查及規劃，該保留的全部保留，有掉漆、破洞的，就修補，雖然不可能修到完全相同，也能達到六、七成，然後再上保護油。

派司的匠班彩繪時，從來不先作原尺寸畫稿，只大致在一張小白紙上勾勒垛頭圖案、垛仁題材，就直接爬上鷹架，在打好底的梁枋或牆面勾勒輪廓、打粉，然後上墨填色。

二〇〇七年國立臺灣藝術大學，聘請陳穎派擔任古蹟藝術修復系「古蹟維護類」兼任教授，每週從和美風塵僕僕到板橋授課，將傳統彩繪技藝傳承下去，直到二〇一一才因年事已高而退休。他的兒子陳文俊、陳敦仁也在同一系所，分別擔任助理教授和講師，他們自小跟隨父親習藝，有著豐富的彩繪實作經驗，對有志研究傳統彩繪的年輕一代，提供了更有效、便捷的途徑。

本文摘自《民報》網站
（二〇一四年一月六日出版）

古蹟修復巨匠——陳天平

蔡宏明

功夫沒什麼了不起，古蹟修復就是要求責任與道德。大木就要幼（細）木作，自然能表現出傳統建築的力與美。

——陳天平

二〇一三年六月，我在雲林縣麥寮拱範宮（媽祖廟），採訪正在進行古蹟修復的大木作司阜陳天平。陳天平是文化部列冊的文化資產技術「大木作技術」保存者，業界都稱他「平司」。他從一九八九年參與古蹟修復，已經超過二十四年，包括國定古蹟、直轄市定古蹟、縣定古蹟一共二十幾處。他帶領的木作匠班，對傳統建築的大木拆解、組構，特別注重施作的精細度及精準度，贏得業界一致的讚賞。

立志當木匠

陳天平，一九四五年出生在台南四鯤鯓。國小畢業因貧窮無法繼續升學，他不想留在家裡隨父親討海，決計「出外流浪」，學一技之長。因為小時候看過人家修廟，對木作有印象也很喜歡，便立志當木匠。國小剛畢業的陳天平，每天帶著從潮間帶撿拾的燒酒螺在街頭叫賣，一邊打聽學藝的機會。一天，他來到台南的總趕宮，看見有木匠在修廟，便打聽是否肯收學徒，意外地被收留了。

他的啟蒙師傅陳城，對徒弟很嚴而且脾氣不好，交代的事沒做好，不是甩巴掌就用反扣的指頭敲徒弟的頭，三字經經常脫口而出。當學徒的陳天平，天剛亮就起床準備木料、工具，到了下午司阜休息了，他還要整理工地才回工寮，晚上還要作木窗做到半夜。同時學藝的學徒十幾個，無法忍磨練，紛紛離去。陳天平只能夜裡偷偷流淚，不敢回家，因為回到家也沒飯吃。

學藝的慣例是三年四個月，三年裡先學磨刀、鑿刀、斧頭，以及刨刀技法、判斷木料優劣。陳天平的師傅功夫很好，卻只教如何使用工具，不會講解更細的功夫，陳天平靠著自己的觀察、揣摩，逐步精進。

從大木作到小木作

師傅的父親陳得很疼平司，給過他一本「寸白簿」，裡頭是押韻的大木歌訣。可惜平司的母親把書用來當餐桌上的墊子，在一次水災中流失了。幸好，這些歌訣，平司早把它們裝在腦子裡。雖然他無法依序背誦整本歌訣，但直到今天，每次做到相關工項，腦子就自然浮現一些句子。

平司十七歲出師，再跟著幾位老司阜一起工作，精進木作技藝。為了賺錢回家，他修日式木造房子，也參與過修廟的工作。漸漸，獨力承接閩南式三合院民式仔的起造工作。

當兵回來那年，他到永興木業謀職，改作講究細緻木工的美式古典家具。這段經驗，讓他得到啟示用於後來的古蹟修復工作，他說：「作大木，要幼木作，才會美」。也就是說，大木作講究構架，很容易流於粗獷，但也不可忽略「幼木」（iù-bak，也有人寫成「細木」，即小木作）的細緻手路。

現代營建模板放樣技術

一九八〇年代台灣經濟急速起飛，鋼筋混凝土大樓興建，讓平司在時代潮流中轉入現代營建的「模板」。他為大樓整體放樣，標定工地梁柱、樓梯位置，也為大樓外貌設計模板，指揮板模工施作。「放樣」的工作，使他更精準掌握建築體的營建。做模板期間，營造公司承接了一個古蹟修復的案子，需要會傳統木作的司阜。就這樣，他在一九九三年參與台南祀典武廟及赤崁樓的修復工程。那時，模板的工資高過古蹟修復甚多，他的工作重心還是放在模板，可是模板經常要在二十幾層高樓外牆鷹架作業，比較危險，在太太力勸下，他才從一九九四年全面投入古蹟修復。

發明「空中放樣」工法

具備傳統大木作、小木作技藝，又深諳建築營建放樣，平司的古蹟修復可說得心應手。他的大木修復，首先檢測舊建築的構件，將拆下的構件編號，記錄再用、修補、仿製的資訊。接著測繪建築體現寸圖，標定每一落棟架的高程、丈量木構傾斜度。再根據紀錄，進行大木構架的「打板」（製作出現寸圖），然後進料、仿製各種木構件，以便將來組構。

喜歡動腦筋的平司在修復經驗中，發明了他所謂的「空中放樣」，可以直接把屋頂（規帶）的弧度，精確測繪到夾板上，作為仿製的重要基準。他利用許多小片的夾板，順著規帶排列，用木條固定，就像扎針的原理，「描模」出規帶的弧線。

獨特的放樣與落篙技藝

他修復古蹟的每一個步驟都是放樣、放樣，再放樣。他說，以前的大木司阜常先畫十分之一縮小比例的起造圖，木作時用尺量圖面的尺寸，再放大到木料上，鑿出的榫卯容易有誤差。平司的放樣，就是在夾板上畫出實際的尺寸，讓木作司阜照著做，他也利用標記清楚的篙尺來「落篙」，精確地傳達工作指令，來進行大木畫線及榫卯開鑿施作。

大木作司阜的工作，就像現代建築的建築師，平司不僅親自監製每一個構件的施作，也要規劃裝飾性的雕刻，他會根據拆解下來的舊構件，告訴鑿花部門的匠師，需要刻什麼主題、要有什麼造形，以便達到仿製的效果。

平司很重視精準度，總是親手在夾板上仿製、描繪瓜筒、架通、通隨、網目、斗栱、束木、連托……的「板子」（實際尺寸），再發派下去施作。他經手完成修復的棟架，長寬比例十分協調，散發出一種難以言喻的美感。他說：「傳統建築就是講究力與美。功夫沒什麼，就是要仔細。」對於不影響結構安全，可堪再用的裝飾性構件，他都盡力修復，經過二十幾年還完好如新。

平司的兒子陳其威大學畢業後，跟著學習木作，也加入工作團隊。為承接古蹟修復案子的提案，以數位繪圖技術，模擬3D完成圖。傳統大木作有了新傳承，與現代科技有了更佳的結合。經常有建築系的學生來訪問平司，他也應聘到大學裡講課。他的木作生涯十分精彩，古蹟修復的經驗則像挖掘不完的寶藏。

本文摘自《民報》網站

（二〇一三年十二月三十日出版）

府城神轎巨匠——王永川　媲美勞斯萊斯的工藝

蔡宏明

一頂轎完成了，永遠不會壞。英國的勞斯萊斯開一百年就會壞掉，我的大轎一百年也不會壞！

——王永川

生於一九三二年（日治昭和七年）的王永川，是小木作司阜。他精巧的小木作手藝，被文化部列冊為「文化資產保存技術」，而他是「技術保存者」。用通俗的話來講，他就是所謂的「人間國寶」。年逾八十，還堅守著木雕工藝作坊，他為府城大大小小廟宇製作的各種木雕品，尤其是神轎，在不知不覺中融入常民的宗教節慶生活，大家都叫他「永川伯」。

他的「永川大轎工作坊」是一棟百年兩層木造舊宅。二樓是鑿花部門，樓板開了兩個小通孔，倚放著簡單的老式活動木梯，一樓大廳供奉木匠祖師爺魯班牌位，天花板吊掛紙燈籠。

近年來，永川大轎闢建了新的工作場所，高大寬敞的空間，放置著鋸台機、打洞機、線鋸機……各種機械式機具，木料堆放地上，幾乎佔去一半空間。這裡不是作細工的鑿花部門，但沿著一邊窗戶一長排工作檯，工具櫃掛著曲尺、各式刨刀、鋸子。永川伯坐在一張大桌子前，整理著要鑿花部雕刻的木件，用膠水把一張雕刻影印圖稿貼在一塊木料上，然後用原子筆在上面作幾個記號。

北勢街的窮木匠

永川伯在北勢街（現在的神農街）土生土長，父親王西海是頂下桌（神桌）木匠。因為家裡窮，九歲才讀公學校，讀沒幾年就失學。他是家中老大，底下有四個妹妹。父親整天木匠工作，根本無暇照顧，少年王永川只好去作「囝仔工」（童工）。

他先到打鐵店學作秤鉈，師傅只叫他牽風櫃，做了一年沒學到什麼功夫，於是換到台灣製鐵所學車床。車床機器大，有一次不小心手受傷，父母親疼兒子，便叫他辭去工作。過了一段時間，父親才叫他跟著學作頂下桌。

從頂下桌到神轎

永川伯回憶：「學頂下桌很苦。當時一切都靠手工，用手鋸、用手刨。我第一次拿刨刀是刨一塊匾，慢慢過一段時間，才控制好力道。」但他對木作有些天分，只要父親稍稍指點，馬上觸類旁通。不久，父親退休，他就正式扛起家業。事業剛起步，一切靠手工，又無力聘請助手，凡事都靠自己。從頂下桌開始，也兼作佛櫥、佛架、菜櫥……等家具，技術愈加精進，生意愈加興隆。

永川伯幫很多廟做過神桌，印象最深刻，最花功夫的是南廠保安宮的大桌。這神桌的頂桌長十二尺，桌腳設計了八隻「獅子腳」，現在還放在該廟神房裡，用欄杆圍了起來。下桌則放在拜殿中，桌面採龜殼形，桌下設計一個放置虎爺的小龕，桌圍下部則是雕花堵，雕工十分講究，安排了很多「齣頭」（民間演義故事的主題），人物雕刻生動，結構嚴謹。

永川伯製作頂下桌，把重點放在整體結構的製作，再規劃哪些部位配置什麼樣的雕花裝飾，畫出寸步、板樣，然後交給下手的鑿花司阜去執行，他負責監製。因此，他有時間和精力承作，各式廟裡的木製品，而不限於神桌。他製作的神轎，轎身裡外雕刻精美，花堵人物十分生動。漸漸地，委託製作神轎的廟宇越來越多，一九六七年永川伯成立「永川大轎工作坊」，專心研發神轎的製作。不斷有人委託製作宗教木刻製品，但還是以各式神轎，如：文轎、武轎、手轎、獻轎、四輪轎、請轎……等為大宗。

傳統神轎工藝巨匠

「三步一小廟，五步一大廟」的府城，經常有廟會遶境，陣頭中必定有神轎。永川伯說：

「台南的神轎有九成是我做的。……我父親沒有徒弟，我收過十幾個，三十年前就開始了，那時比較好『牽司仔』（教學徒）……」。府城傳統工藝神轎製作的司阜，都是在永川大轎學藝，出師後自行開業。有人因此說永川伯，是府城神轎工藝的祖師爺。

永川伯監製的神轎就像一座縮小版的神廟，神轎正面有館祠匾，龍柱，也有斗栱、垂花、豎材、雀替，如大廟屋簷結構，樣樣齊全。神轎分內裡、外層，兩側則有八卦窗，以及表現忠孝節義主題的花堵人物。轎底四邊設計獅頭吞腳，四邊裙翼，彎度及線條比例優美，整頂神轎的稜線，整齊而厚實。

這麼精緻的神轎，工序十分繁複，從量尺寸、畫板圖、選料、購料、刨木、取模，到雕刻、組合、上漆、落款，由十位司阜分工合作，得費時兩個月。永川伯表示，他監製神轎講究真材實料，堅持傳統手工，依照古法接榫結合，慢工出細活，自然美觀、堅固而耐用。

監製的神轎不計其數，但有幾頂是永川伯覺得特別且滿意的。一頂是府城開基天后宮小媽祖的神轎，另外一頂在麻豆水仙宮的神轎。這頂水仙宮神轎的花堵，雕刻了三十六天罡、七十二地煞，共一〇八尊神將，每尊神將都有不同的武器、坐騎、姿態。台南市的台灣歷史博物館的常設展「地域社會與多元文化」中有媽祖遶境藝陣遊街的展示，其中的神轎也出自永川大轎，這神轎的花堵雕刻媽祖渡海救人的主題，是一般神轎所罕見的。

傳承如永川不息

二〇〇九年永川伯獲得中華民國資深青商總會「全球中華文化藝術薪傳獎」的民俗工藝獎；二〇一二年以「小木作技術」獲文化部列冊為「文化資產技術保存及其保存者」，數十年的努力受到肯定。但他更關心傳統神轎製作可以有好的傳承。他的長子、女婿、外孫都已經跟他學藝多年，年輕一代，腦筋動得快，不但傳承了傳統技藝，也應用網路科技廣為傳播，很見功效。

「永川大轎」除了聞名遐邇的神轎，也承製許多宗教用品，如：匾額、薦盒、圍屏、三寶架、蓮花座、八卦盒、玉旨架、劍架、宮燈、几桌、小型公案桌、燈桌、蛟椅、長生祿位……等。「永川」已是「大轎」的代名詞，而「大轎」也將使「永川」成為傳之久遠的事業。

本文摘自《民報》網站

（二〇一三年十二月二十七日出版）

台灣美術史開創者蘇振明

陳俊廷

當台灣還是戒嚴禁忌的年代，臺北市立教育大學視覺藝術學系蘇振明教授不但在大學課堂上，悄悄地「偷渡」開創台灣美術史，爭取島國文化的能見度，三年前其編撰的《生命與挑戰——史明生命的故事》圖文書，更成為史明生命歷程的經典見證。蘇教授甫從學界榮退，旋即在陳永興醫師力邀下擔任《民報文化雜誌》的總編輯，與《民報》網路報總編輯張正霖共同肩負起銜接、傳承蔣渭水台灣民報的編輯重任。

蘇振明在台灣美術界，桃李滿天下，主授「台灣美術史」，不但享譽學界，從一九九八年起便獲邀擔任臺北市立美術館、高雄美術館典藏委員至今，二〇〇六年開始教育部邀請其擔任「臺灣學研究中心」藝術科代表，國立編譯館「小學暨高中美術課綱、編審委員」其他如國立故宮博物館「兒童學藝中心」開館策展、行政院農委會「田園之春」一百本文化圖書策劃主編、新聞局「兒童圖書、兒童電視節目審查委員」，蘇振明對兒童本土美術的著力可見一般。另外其也是文化部（文建會）、交通部公共藝術審議委員，目前高雄市聞名國際的美麗島捷運公共藝術，其也戮力參與甚深。

蘇振明教授著作甚多，除專業論述外，其他如《台灣俗語鹹酸甜》、《滾鐵環．牛犁歌》、《看農夫的畫》、《看阿婆畫圖》、《樸素之美——台灣素人畫家群像》、《啟發孩子的潛能》……。台南市文化局長葉澤山推崇蘇振明教授是開啟國內地方政府主動編列預算、有計畫性地出版本土文化繪本的先鋒，葉澤山說，十七年前老師鑑於坊間多為進口翻譯書，為平衡本土圖畫書相對失衡的兒童文化生態，推動「南瀛之美」百本圖畫書系列出版計畫，台南縣市合併升格後，台南市文化局以「台南之美」延續這項計畫，後來此套叢書榮獲國內各項出版獎項，被推選參加國際書展，享譽國內外將台南的文化成功推廣到國外。

陳永興醫師為蘇教授在其出版的《創藝美樂地——蘇振明40年美育園丁筆記》接續葉澤山作序力推！陳永興說：「蘇教授畢生心血的結晶，是台灣人共同的文化藝術寶藏……希望其退而不休，為台灣人的美夢繼續奮鬥到底！」蘇教授在陳永興院長力邀下，甫榮退旋即為《民報文化雜誌》復出，擔任總編輯，首期已在七月十五日在全國書局上市，備受好評！目前《民報文化雜誌》正積極進行第二期的「南台灣高雄主題」展開編輯作業，蘇振明教授因而專程南下高雄會商，並出席「民報之聲」的節目錄製。

蘇振明教授在節目預錄中指出，國民黨戒嚴時代，其從一九八五年就放棄西洋美術史，全心投入台灣美術史，因為史明的著作，改變其思想和藝文推廣觀念；引導其投入研究台灣美術史、策劃並出版台灣本土圖畫書，以宣揚「台灣主題性價值」。

蘇教授並隨身拿出「台灣共和國」的身分護照，蘇教授說，當一九九七年中國接收香港，李總統提兩國論，其從此就帶在身上，蘇振明不諱言地說，其投入台灣本土美術完全深受史明《台灣人四百年史》的感召，所以他二〇一一出版的史明傳記，全書精選近兩百張文史圖片和畫作，每篇故事後面均附有跨頁的社會圖象，透視大時代的背景，東吳大學謝志偉教授當時為文作序力推說，這本圖文書被視為《台灣人四百年史》作者史明的圖像傳記。

本文摘自《民報》網站

（二〇一四年七月二十六日出版）

林懷民 詮釋世代的吶喊

陳昱志

雲門舞集最新作品《微塵》即將獻演，看了YOUTUBE上的片段，在俄國音樂家蕭斯塔科維契的第八號弦樂四重奏那充滿張力、跌宕起伏的樂聲中，彷彿看到遍布世界各地年輕人與威權體制對抗的身影，也讓人想起今年三月開遍立法院四周的「太陽花學運」發生時，甫自國外返台的林懷民立即給予學運的肯定，甚至想奔往現場。礙於種種因素，林懷民未能前去現場，但對於這些年輕世代的關切顯然已融入他的最新作品中。

出身嘉義新港的林懷民，從一個喜歡舞蹈的少年人到創辦舞團、成為社會的意見領袖，其間的變化可說是必然的。從捨棄前考試院副院長、父親林金生對他的期望，逕自赴紐約習舞；留學期間參與保釣運動；學成返台前，隻身旅行歐洲後，在最後一站的希臘機場嚎啕大哭想著：「我的好日子過完了」，這一哭是哭曾經叛逃傳統的自己從此要被「血液裡的家國」鞭策，也是哭「看完世界後，我才知道台灣是監牢」。

林懷民憂國憂民　提攜年輕人不遺餘力

林懷民總是憂國憂民，才三十幾歲就被小他不到幾歲的團員、學生以「老林」稱呼之。而「血液裡的家國」驅使他掏出第一筆基金的十五萬元，勉勵他該稱為「叔叔」的陳錦煌，幫助這位曾任政務委員的小鎮醫生籌組「新港文教基金會」，為自己的家鄉做文化札根的基礎工作，如今新港文教基金會已經邁入第二十八個年頭。

一九四七年出生的林懷民，已華髮早生多年，迄今他仍創作不墜，對社會國家總是不吝於建言，對年輕人的提攜勸勉總是不遺餘力。二〇〇四年，獲得行政院文化獎之際，在頒獎典禮上，他拿出部分獎金成立「流浪者計畫」——鼓勵年輕人貧窮旅行，無論如何在四十五歲之前，一定要讓自己在國外待上一定時間，因為林懷民常掛在嘴上的那句話——「不要老是看自己的肚臍眼長大」，他認為年輕人應該出國擴張自己的視野，即便是流浪，都會激盪出全然不同的思維。

長年跟年輕人工作，本身不斷吸收新知的林懷民對於科技產品絲毫不排斥，還用得津津有味，不僅喜歡透過手機傳遞並接收資訊，近來更熱中用手機為人留影。

在自家浴缸「水療」　撫慰疲憊身心

有工作狂傾向的林懷民，每每排練時，總是一遍又一遍地要求，就一個一個動作重來。在工作所耗的心神經常過度透支，林懷民回到八里的家就處於完全休息狀態。兩間老公寓打通的寓所裡有個極大尺寸的磨石子浴缸，過度勞累時，他就全然放鬆自己浸泡在浴缸裡，用自家的「水療」讓自己充分浸潤。當這些短暫的療癒都無法撫慰疲憊身心時，林懷民不免要找個不認識他的國家「放逐」自己一些時日，重新灌注能量。

只是對長期把家國扛在自己心底的林懷民，眼見世界的動亂，年輕人在全球化的夢魘摧殘下，前途渺茫，紛紛起身對抗威權，風起雲湧的青年革命正在世界各地遍地開花，無法讓自己置身度外。在三月學運結束後，林懷民公開說：「太陽花學運喚醒台灣人民對社會的熱情，而且也啟蒙整個世代。」

除了言語的肯定，他更在最新的創作中貫穿了世代的焦慮與無奈，以蕭斯塔科維契的四重奏為《微塵》舞作之基。曾說沒有人會為他譜寫一首〈安魂曲〉的蕭斯塔科維契，親手寫下了第八號弦樂四重奏作為自己的安魂曲，這首曲子打動了林懷民，讓他積蘊長達十年的創作動念，直說：「我非做不可！」

十年磨成《微塵》 詮釋世代的吶喊

果然，耗費十年磨成的《微塵》，力道非同凡響，作家駱以軍如此評論：「這次的林懷民讓我們如此陌生、不安，『天地不仁，以萬物為芻狗』，空襲警報的光束，歷史時光凍結的斷垣殘壁……，當人類曾將人類送進煤氣室，我們將一次次被這噩夢驚嚇，悲不能抑。這不僅是紀念的安魂曲，更是微弱如花、如塵的文明，和永劫回歸之惡的不止息的纏鬥。」

《微塵》中全部著黑衣的男女舞者出現各地廣場抗爭的隊形，而那吶喊不出聲音的扭曲臉龐，一如畫家孟克那張《吶喊》，那麼深邃緊扣人心的痛苦，是年過六十的林懷民對世代的詮釋，當年參與「保釣」運動的細胞依然活躍於他體內，他逃不了，也逃不夠遠，即使逃走了，也無法忘情地再度返回，只能選擇以創作面對。作為一個創作者，這是薛佛西斯的石頭，生生世世得推著它走。

本文摘自《民報文化雜誌》第三期

（二〇一四年十一月一日出版）

民報文化藝術叢書06　PF0341

台灣人・台灣事

──《民報》人物選集（二）：學術、文學、音樂與藝術

主　　編／沈聰榮、蘇振明
作　　者／民報專欄作者群
責任編輯／石書豪、廖啟佑、尹懷君
圖文排版／黃莉珊
封面設計／吳咏潔

出版策劃／獨立作家
發 行 人／宋政坤
法律顧問／毛國樑　律師
製作發行／秀威資訊科技股份有限公司
地址：114 台北市內湖區瑞光路76巷65號1樓
電話：+886-2-2796-3638　傳真：+886-2-2796-1377
服務信箱：service@showwe.com.tw
展售門市／國家書店【松江門市】
地址：104 台北市中山區松江路209號1樓
電話：+886-2-2518-0207　傳真：+886-2-2518-0778
網路訂購／秀威網路書店：https://store.showwe.tw
國家網路書店：https://www.govbooks.com.tw

出版日期／2023年10月　BOD一版　定價380元

|獨立|作家|
Independent Author

寫自己的故事，唱自己的歌

讀者回函卡

台灣人.台灣事：<<民報>>人物選集(二)：學術、文學、音樂與藝術 / 民報專欄作者群作；沈聰榮, 蘇振明主編. -- 一版. -- 臺北市：獨立作家, 2023.10

面； 公分. -- (民報文化藝術叢書；6)

BOD版

ISBN 978-626-97273-8-4 (平裝)

1.CST: 臺灣傳記

783.31 112015007

國家圖書館出版品預行編目